Zu diesem Buch: Diese Studie des Freiburger Literaturwissenschaftlers belegt die innere Konvergenz der Weiblichkeitsbilder bei Thomas Mann und Leopold von Sacher-Masoch. Und sie tut dies ebenso scharfsichtig wie schlüssig – mittels neuer Textvergleiche, mit seriöser Intelligenz, lebendig und einprägsam. Da hat ein Wissenschaftler tatsächlich einen Fund gemacht und einen »Austausch« zwischen zwei Schriftstellern aufgedeckt, die nichts miteinander gemein zu haben schienen.

In philologisch gründlichen, geistreich gedachten Einzelanalysen beschreibt Rudloff die Geschlechterkonfigurationen in Sacher-Machos *Venus im Pelz* einerseits, Thomas Manns *Der kleine Herr Friedemann*, *Der Zauberberg*, *Joseph in Ägypten* und *Bekenntnisse des Hochstaplers Felix Krull* andererseits. Dabei erschließt er die durchaus verwandten Weiblichkeitsimaginationen beider Autoren – Imaginationen, in denen sich männliche Wünsche und Ängste in erstaunlich parallelen erotisch-literarischen Zeichen kristallisiert haben.

Der Autor: Holger Rudloff, geboren 1949, lehrt Neuere deutsche Literatur an der Pädagogischen Hochschule in Freiburg. Wichtige Veröffentlichungen: *Produktionsästhetik und Produktionsdidaktik. Kunsttheoretische Voraussetzungen literarischer Produktion* (1991); *Friedrich Ph. Wilsmen: Kinderfreund. Der Brandenburgische Kinderfreund. Ein Lesebuch für Volksschulen 1800/Der Deutsche Kinderfreund. Ein Lesebuch für Volksschulen 1802* (Herausgeber und Einleitung, Nachdr. 1992); Veröffentlichungen zu Ödön von Horváth, Franz Kafka, Ernst Toller u. a. Zahlreiche Beiträge in Lexika, Fachzeitschriften und im Rundfunk.

Holger Rudloff

Pelzdamen

Weiblichkeitsbilder bei
Thomas Mann und
Leopold von Sacher-Masoch

Fischer Taschenbuch Verlag

Originalausgabe
Veröffentlicht im Fischer Taschenbuch Verlag GmbH,
Frankfurt am Main, Mai 1994

Gesamtherstellung: Clausen & Bosse, Leck
Printed in Germany
ISBN 3-596-12170-1

Gedruckt auf chlor- und säurefreiem Papier

Für Claudia, immer und immer

Inhalt

1. Einleitung

»Ein Werk muß lange Wurzeln haben in meinem Leben, geheime Verbindungen müssen laufen von ihm zu frühesten Kindheitsträumen, wenn ich mir ein Recht darauf zuerkennen, an die Legitimität meines Tuns glauben soll. Der willkürliche Griff nach einem Stoff, auf den man nicht althergebrachtes Liebes- und Wissensanrecht hat, scheint mir sinnlos und dilettantisch« (XI, 661).

Soweit der Autor Thomas Mann. Aber nicht um den Autor geht es in den folgenden Überlegungen, vielmehr um die Erzähler in Thomas Manns Werken, um literarische Texte. Das soll Spekulationen über die existentialen Grundlagen des Autors, über sein »althergebrachtes Liebes- und Wissensanrecht« ausschließen. Zweifellos ist Thomas Manns »Griff nach einem Stoff« alles andere als »willkürlich«. Zahlreiche Analysen zur Biographie und Persönlichkeitsstruktur haben das belegt. Das »althergebrachte Liebes- und Wissensanrecht« des Autors ist ein individueller Motor, der das Kunstwerk als hochartifizielle Sublimierungsleistung hervorbringt. Natürlich prägen psychische Faktoren des Autors sein Werk mit. Der »Griff nach einem Stoff« läßt sich aber weder durch Thomas Manns Selbstaussagen noch durch Vermutungen über seine Biographie hinreichend erklären. Die Wege dieses Griffes sind weit verschlungener als der Autor zu verstehen gibt. Um sie zu erforschen, bedarf es der Quellenkunde. Zu fragen ist: Auf welchen »Stoff«, auf welche Quellen hat der Autor Thomas Mann zurückgegriffen? Und: Wie hat der *Erzähler* die

Überlieferung in seinen literarischen Text ein- bzw. umgeschmolzen?
Zu den verschiedenen Bedeutungen, die das Wort »Quelle« in der Thomas-Mann-Forschung hat, schreibt H. Wysling:
»[...] das geht von den eigentlichen Stoff- und Stil-Quellen mit ihren Realitäts- und Sprachpartikeln bis zu den literarischen oder mythischen Vorbildern, zu den großen philosophischen und psychologischen Modellen [...]«[1]
Es gibt kaum ein Erzählwerk Thomas Manns, in das nicht mehrere Quellen, mehrere Texte, sogenannte Vor-Texte eingegangen sind. R. Vaget spricht hinsichtlich des neuen Textes, der auf Vor-Texte zurückgreift, von »Kontrafaktur«:
»Sie entspringt der kritisch-produktiven Reaktion auf einen anderen Text, dem Willen zum ›Etwas-dagegen-Machen‹ (lat. contrafacere), d.h. dem Impuls zum Dagegen-Anschreiben. Dieser setzt die Überzeugung voraus, daß im Lichte neuer Erfahrung oder neuer Erkenntnis etwas richtigzustellen oder jedenfalls anders darzustellen sei.«[2]
Die Kontrafaktur hat nichts »mit Nachahmung zu tun; sie bedeutet eher ihr Gegenteil: gleichsam die Überblendung der Vorlage durch ein anderes, neu belichtetes Bild«.[3] So entsteht z.B. in der frühen Erzählung »Der kleine Herr Friedemann« durch die Verarbeitung von Textauszügen aus den Werken Fontanes und Nietzsches eins der neu belichteten Bilder. In den Text »Luischen« gehen Elemente aus Turgenjews Erzählungen ein; die Erzählung »Gefallen« orientiert sich an einem Muster von H. Schliepmann, usw. Später geht Thomas Mann dazu über, »seine Kontrafakturen zu fragmentieren, mit anderen zu kombinieren und ineinanderzufügen«.[4] »In den späteren Romanen werden gradezu Orgien solcher Textverarbeitung gefeiert.«[5]
Selten findet man in den literarischen Texten einen *direkten* Hinweis auf die Herkunft von Vor-Texten. Und auch die zahlreichen Selbstaussagen des Autors über seine Quellen helfen nur bedingt zur Entschlüsselung weiter; zuweilen wird die Lektüre vergessen

oder totgeschwiegen. Das Reservoir, aus dem Thomas Mann schöpft, ist fast unermeßlich. Es reicht von antiken Mythen, Märchen oder Legenden bis zur Literatur, Philosophie und Psychologie seiner Zeitgenossenschaft. Vieles davon ist so umfassend erforscht worden, daß es wohl gar nicht mehr möglich ist, eine Monographie zum Werk Thomas Manns zu schreiben.

Wie gelangt man auf der anderen Seite zu möglichen *neuen* Vor-Texten? Heftrich führt dazu aus: »Zu den Voraussetzungen der schöpferischen Aneignung, d. h. der Quellenentdeckung wie -auswertung bedarf es der Wünschelruten-Sensibilität.«[6]

Von einer derartigen »Wünschelruten-Sensibilität« mag die vorliegende Untersuchung zeugen. Angeregt durch den Aufsatz »Kafka and Sacher-Masoch«[7] des amerikanischen Germanisten M. Anderson sollte ursprünglich das Beziehungsgeflecht dieser beiden Autoren weiter analysiert werden. Bei der Lektüre von Leopold von Sacher-Masochs erotischem Roman *Venus im Pelz* erging es dem Verfasser ähnlich wie Kolumbus, der den Seeweg nach Indien suchte, aber einen neuen Kontinent entdeckte: Kafkas Affinität zu Sacher-Masoch[8] sollte erforscht werden, gefunden wurde Thomas Mann. Das ist Neuland. Denn obwohl in den letzten Jahren immer deutlicher die zentrale Bedeutung der Erotik für Thomas Manns Kunst herausgearbeitet wird, übersieht man Masochs Werk.[9]

Zur besseren Orientierung schicke ich meine *Zentralthese* voran: Thomas Manns Werk übernimmt – von frühen Erzählungen bis zum *Krull*-Roman – auf unterschiedliche Weise bestimmte Bauformen des Erzählens aus Sacher-Masochs Roman *Venus im Pelz* für seine Zwecke. Masochs Text dient als *Steinbruch* für die Gestaltung von Figuren, Motiven und Themen. Dabei geht der Ideengehalt Thomas Manns Prosa weit über das Grundthema des Vor-Textes hinaus, es wird vielfältig variiert und gewinnt in den jeweiligen Kompositionen Eigenleben und selbständige Funktion.

Diese These soll in einzelnen Schritten entfaltet werden. Das

nächste Kapitel (Kap. 2) gibt eine Kurzübersicht über Leben, Werk und Wirkungsgeschichte Sacher-Masochs. Kap. 3 reflektiert die Grenzen der Beweisführung: Unser Wissen reicht nicht aus, Thomas Manns Lektüre der *Venus im Pelz* anhand von Selbstaussagen des Autors oder anhand von anderen Quellen direkt zu belegen. Wir sind auf einen Indizienbeweis angewiesen. Die daran anschließenden Kapitel versuchen, Zufallsanalogien zwischen Manns und Masochs Texten auszuschließen. Deshalb greifen wir auf das philologische Nachweismittel der Konkordanz zurück. Die strukturellen und inhaltlichen Übernahmen sollen anhand von wörtlichen Zitaten rekonstruiert werden. Dafür stehen die Analysen von ausgewählten Erzählungen und Romanen. Kap. 4 widmet sich der Erzählung »Der kleine Herr Friedemann«, Kap. 5 dem Roman *Der Zauberberg*, Kap. 6 einem Ausschnitt aus dem *Josephs-Roman*, *Joseph in Ägypten*, den Abschluß bilden die *Bekenntnisse des Hochstaplers Felix Krull* (Kap. 7).
In die Textanalyse der Friedemann-Erzählung (Kap. 4) sind Verweise auf andere frühe Erzählungen eingearbeitet (»Vision«, »Gefallen«, »Der Bajazzo«, »Luischen« und »Der Kleiderschrank«). Damit sollen Grundlageninformationen über Themen, Inhalte, Motive und Erzähltechniken bereitgestellt werden, die Thomas Manns Werk mit dem Sacher-Masochs teilt. Auf diesen Grundlagen bauen die Kapitel 5 bis 7 auf.
Nichts wäre abwegiger als annehmen zu wollen, Thomas Manns Werk könne monokausal auf den Vor-Text Sacher-Masochs bezogen werden. Unzählige andere Quellen sind ja bekannt. Die Ergebnisse der Thomas-Mann-Forschung sollen gar nicht in Frage gestellt werden. Es würde den Rahmen unserer Untersuchung sprengen, sie hier mit aufzunehmen. Nur in Ausnahmen wird darauf verwiesen. Um faßbarer Konturen willen verzichten wir zudem bewußt auf den Nachweis von literatur- und kulturgeschichtlichen Bezügen. Ebensowenig sollen die Bedeutungsfäden psychologischer und mythologischer Motive ausein-

andergewickelt werden. Darüber liegen bereits hervorragende Forschungen vor.

Da die vorliegende Arbeit das Ziel verfolgt, einen möglichen literarischen Vor-Text zum Werk Thomas Manns aufzuzeigen, scheiden psychologische Gesichtspunkte weitgehend aus. Die Frage, ob Sacher-Masoch ein Masochist ist, interessiert uns ebensowenig wie die Frage nach der »überaus heiklen psychischen Konstitution«[10] des Autors Thomas Mann.

Über das Verhältnis von Autor und Werk führt Adorno in seinem Essay »Zu einem Porträt Thomas Manns« aus: »Als ob das Werk, das gelingt, noch das seines Autors wäre; als ob nicht sein Gelingen darin bestünde, daß es von ihm sich löst, daß durch ihn hindurch ein Objektives sich realisiert, daß er darin verschwindet.«[11]

Es mag schon sein, daß Thomas Mann an erotischen Tabus stark interessiert war. Zur Interpretation des literarischen Gehalts hilft das kaum. Denn, so noch einmal Adorno:

»So streng auch das Œuvre Thomas Manns, durch seine Sprachgestalt, des Ursprungs im Individuum sich entäußerte, beamtete und nicht beamtete Oberlehrer tun sich daran gütlich, weil es sie ermuntert, als Gehalt herauszuholen, was zuvor die Person hineinsteckte. Dies Verfahren ist zwar wenig produktiv, aber keiner hat dabei groß zu denken, und es versetzt noch den Stumpfsinn auf philologisch sicheren Boden, denn, wie es im Figaro heißt, der ist der Vater, er sagt es ja selbst. Statt dessen jedoch, meine ich, beginnt der Gehalt eines Kunstwerks genau dort, wo die Intention des Autors aufhört; sie erlischt im Gehalt.«[12]

Das schließt freilich nicht aus, daß man den Gehalt des Kunstwerks (*un*abhängig von vermeintlichen Intentionen des Autors) psychologisch deuten kann. Nicht selten kommt es dabei allerdings zu dem Mißverständnis, die literarische Struktur als Dokument für eine vorausgesetzte tiefenpsychologische Struktur zu lesen. Psychologisch oder psychoanalytisch interpretierende Arbeiten gehen oft vorschnell davon aus, daß ein Text und seine

literarische Struktur aufgeschlüsselt und wie bei der Traumdeutung seine Tiefenstruktur herausgelöst werden muß. Nach dem Verfahren der Reduktion auf psychische Komplexe und Konflikte kommt es dabei zu meist vereinfachten Übersetzungen der Werke in das Begriffssystem der Fachsprachen. Differenzierter wird die Anwendung psychologischer Kategorien, wenn sie die literarische Struktur berücksichtigt und zu erhellen sucht. Spürt man unter den manifesten Inhalten die latenten auf, so wird die Textbedeutung dem vereindeutigenden Zugriff der Analytiker entzogen. Zu einem solchen Zweck könnten dann sehr wohl die einschlägigen Schriften von Freud, Fromm oder Reik über das Phänomen des »Masochismus« in den Verstehensansatz eingehen. Diese Schriften werden jedoch in unseren Ausführungen nur ganz am Rand berücksichtigt, denn unser Erkenntnisinteresse ist auf den Vergleich narrativer Texte beschränkt, auf den Vergleich von Sacher-Masochs *Venus im Pelz* mit ausgewählten Texten Thomas Manns.
Unsere Untersuchung spart Fragen nach anderen Venus-Variationen, wie sie in der Epoche zwischen Fin de siècle und Jugendstil von Richard Dehmel (bes. »Venus Cansolatrix«), Hugo von Hofmannsthal oder Arthur Schnitzler so vielfältig besungen wurden, aus. All diese Spuren zu verfolgen, würde über unsere Thematik hinausgehen.
Sacher-Masochs Roman *Venus im Pelz* gibt schon im Titel zu erkennen, daß der Leser auf eine *Pelzdame* treffen wird. Wiederholt wird die Venus mit einem kleinen possierlichen Pelztier verglichen, mit einer Katze. Auch Thomas Manns weibliche Hauptfiguren bevorzugen Pelzwerk. Sie kommen als Katzen dahergeschlichen. Gerda von Rinnlingen aus der Erzählung »Der kleine Herr Friedemann« gleitet lautlos über schwere Teppiche des bürgerlichen Salons. Mme Chauchat, die warme Katze, wird sich auf dem Zauberberg in Pelzmäntel und Pelzdecken hüllen. Die schöne Frau des Potiphar, Mut-em-enet aus dem Roman *Joseph in Ägypten*, hebt als »Riesenkätzin« ihre drohenden Pran-

ken. Und schließlich legt Mme Houpflé im Krull-Roman mit Vorliebe Pelzkleidung an und ab. Damit wird es seine Bewandtnis haben.
Die Pelzdamen sind die Herzdamen ihrer männlichen Gegenspieler. Friedemann, der Zauberberglehrling Hans Castorp, der keusche Joseph und der Hochstapler Felix Krull – sie alle haben amouröse Abenteuer mit Frauen zu bestehen, denen eine Katzennatur nachgesagt wird. Nicht von den Frauen handeln diese Geschichten, sondern von deren Bild. Sie präsentieren sich als das, was die männlichen Figuren an Wünschen und Ängsten auf sie projizieren; sie werden zu Imaginationen des Weiblichen. Somit spielen sie die ihnen zugedachten Rollen. Wie und ob sich die Helden aus ihren Affären ziehen, wird darzustellen sein.

Thomas Manns Werk wird im Text nach unterschiedlichen Ausgaben zitiert. Die Abkürzung *SE* steht für: *Sämtliche Erzählungen*, Frankfurt am Main 1963. Die Abkürzungen *Joseph III* und *Krull* folgen: *Gesammelte Werke in Einzelbänden*, Frankfurter Ausgabe, Hg. v. P. de Mendelssohn, Frankfurt am Main 1983, bzw. 1985. Alle anderen Zitate folgen den *Gesammelten Werken in dreizehn Bänden*, Frankfurt am Main 1974 (Abkürzung durch römische Ziffern).

Für unermüdliche Mitarbeit danke ich Werner Killmaier und besonders Johannes Schuck. Ohne die Korrekturen von Frau Claudia Rudloff wäre diese Arbeit nicht möglich gewesen.

2.
Leopold von Sacher-Masoch: Leben – Werk – Wirkung

Zum Begriff Masochismus

»Wozu taugt die Literatur?«, so fragt der französische Philosoph Gilles Deleuze in seiner Studie »Sacher-Masoch und der Masochismus«. Und er antwortet: »Die Namen Sade und Masoch haben immerhin dazu getaugt, zwei Grundperversionen zu bezeichnen. Es sind großartige Beispiele der Wirksamkeit der Literatur.«[1]

Richard von Krafft-Ebing hat eine derartige Wirksamkeit der Literatur befördert. Der Begriff »Masochismus« ist erstmals 1890 in Krafft-Ebings Buch *Neue Forschungen auf dem Gebiet der Psychopathia sexualis* zu finden. Hier liest man:

»Diese im folgenden zu besprechenden Perversionen der Vita sexualis mögen Masochismus genannt werden, da der bekannte Schriftsteller Sacher Masoch in zahlreichen seiner Romane, ganz besonders in seinem bekannten *Die Venus im Pelz*, diese eigene Art der sexuellen Perversion zum Lieblingsgegenstand seiner Schriften gemacht hat.«[2]

Nach 1890 übernimmt Krafft-Ebing den Begriff und die Beschreibung des Phänomens Masochismus in sein Hauptwerk, die *Psychopathia sexualis* (in der ersten Auflage erschienen 1886). In einer der zahlreichen Auflagen nach 1890 heißt es:

»Unter Masochismus verstehe ich eine eigentümliche Perversion der psychischen Vita sexualis, welche darin besteht, dass das von derselben ergriffene Individuum in seinem geschlechtlichen

Fühlen und Denken von der Vorstellung beherrscht wird, dem Willen einer Person des anderen Geschlechts vollkommen und unbedingt unterworfen zu sein, von dieser Person herrisch behandelt, gedemütigt und selbst misshandelt zu werden. Diese Vorstellung wird mit Wollust betont; der davon Ergriffene schwelgt in Phantasien, in welchen er sich Situationen dieser Art ausmalt; er trachtet oft nach einer Verwirklichung derselben und wird durch diese Perversion seines Geschlechtstriebes nicht selten für die normalen Reize des anderen Geschlechtes mehr oder weniger unempfindlich, zu einer normalen Vita sexualis unfähig.«[3]

1892 greift A. von Schrenck-Notzing in einer Studie über Sexualpathologien[4] auf Krafft-Ebings Definition zurück. Der Begriff Masochismus setzt sich durch. Zunehmend wird er zum festen Bestandteil der Umgangssprache. Masoch wird zum Namenspatron des Masochismus. Dagegen verblaßt die Kenntnis über Krafft-Ebings Quelle, den Roman »Venus im Pelz«. Berühmt geworden sind die Liebesspiele: sich jagen und fesseln lassen, sich von einer in Pelz gekleideten Frau bestrafen und erniedrigen lassen, Fetische sammeln, geheime Liebesverträge abschließen – und andere mehr.

Zum Schriftsteller Sacher-Masoch

Leopold von Sacher-Masoch wurde am 27.1.1836 in Lemberg als Sohn des Polizeipräsidenten geboren; er starb am 5.3.1895 in Lindheim/Hessen. Er stammt von Slowenen, Spaniern und Böhmen ab. 1848 zieht die Familie nach Prag. Masoch, der bis dahin nur polnisch und ruthenisch spricht, erlernt die deutsche Sprache. 1856 schließt er sein Studium der Geschichte und Philosophie in Graz mit der Promotion ab. Obwohl er sich dort im selben Jahr für Geschichte habilitiert, verzichtet er zugunsten einer schriftstellerischen Karriere auf die Universitätslaufbahn.

Zwischen 1860 und 1895 verfaßt er etwa 80 Romane, über 100 Novellen und Aufsätze und acht Dramen.[5] Die genaue Zahl läßt sich nicht ermitteln. Sein Werk ist »ungeordnet, verstreut und zum Teil bereits verschollen«.[6] Dennoch ist es in der Thematik erfaßbar, denn die Vielschreiberei umkreist monomanisch den Kampf der Geschlechter und die Schmerzenslust der Erniedrigung und Versklavung.
Zu Lebzeiten ist Sacher-Masoch ein anerkannter Schriftsteller. Besonders in Frankreich schätzt man seine Romane und Erzählungen. »Seine Phantasmen erklärte man sich aus der slawischen Seele, und so erregten sie keinen Anstoß.«[7] 1886, auf dem Gipfel seines Ruhms, wird Masoch in Paris triumphal empfangen. Ein Orden wird ihm verliehen, die literarische Kritik feiert ihn. Nach 1890 erscheinen in Deutschland Krafft-Ebings Studien, die Masochs Werk zur Illustration sexuellen Fehlverhaltens heranziehen. Offenbar ist damit die Abkehr vom *Schriftsteller* Masoch zu begründen. Mit einem Autor derartiger Perversion will man nichts zu tun haben.
Dennoch erregt Sacher-Masoch zu Beginn des 20. Jahrhunderts das Aufsehen der deutschen Literaturkritik. Die Memoiren Wanda von Sacher-Masoch[8] geben vor, das Schauspiel einer ungewöhnlichen Ehe zu dokumentieren. Theodor Lessing weist die dort erhobenen Vorwürfe gegen Masoch zurück und setzt sich nachhaltig für dessen literarisches Werk ein. Karl Kraus zeigt wiederholt sein lebhaftes Interesse für jenen Autor, der das Leiden an der Liebe zu genießen vermag.[8a]

Zur aktuellen Rezeption

Von den Vorurteilen hat sich das literarische Werk Sacher-Masochs nie richtig erholen können. In der Literaturgeschichtsschreibung der Gegenwart ist es nur vereinzelt nachzuweisen;

das Adjektiv »masochistisch« wird jedoch durchgängig als Beschreibungskriterium benutzt. Dafür ist die großangelegte Studie *Liebe, Tod und Teufel. Die schwarze Romantik* von Mario Praz ein treffendes Beispiel. Praz untersucht die Literatur von der Goethezeit bis ins ausgehende 19. Jahrhundert unter einem besonders ausgeprägten Aspekt: »ihrem erotischen Empfinden«[9]. Durchgängig wird mit den Termini »masochistisch« und »sadistisch« argumentiert. An einer Stelle kommt Praz zu dem folgenden Befund: Zu Beginn des 19. Jahrhunderts findet man in der Literatur den »zum Sadismus tendierende[n] Mann«, während dieser »am Ende des Jahrhunderts zum Masochismus [neigt]«[10]. Das liest sich wie eine Bestätigung der Schriften Sacher-Masochs. Sie erscheinen ja im letzten Drittel des 19. Jahrhunderts. Allein Praz berücksichtigt sie für seine Argumentation nicht. Die Worthülse »masochistisch« ersetzt eine intensive Auseinandersetzung mit Masochs literarischem Werk. Ähnlich verhält es sich mit anderen Studien zur europäischen Literatur des Fin de siècle. Erotische Leidenschaft und Todessehnsucht wird materialreich dargestellt und mit psychoanalytischem Vokabular versehen; direkte Bezüge zu Sacher-Masochs Werk fehlen.[11] Dennoch verweisen einzelne Kommentare auf die *Venus im Pelz*. Jens Malte Fischer aktualisiert den Roman – allerdings ohne genaue Textverweise.[12] Zuweilen ordnet man ihn in die deutschsprachige Prosa Österreichs und Galiziens ein.[13] Die *Geschichte der deutschen Novelle* von H. Himmel vergleicht Werke Sacher-Masochs mit Storm, Heyse und Turgenjew.[14] Gemeinsam sei das Motiv der »Dämonisierung des vitalen Frauentypus«[15] festzustellen. Über *Venus im Pelz* urteilt Himmel: »[...] der Typus der grausam-wollüstigen Frau ist hier über die Grenzen des künstlerisch Gerechtfertigten hinausgetrieben.«[16]

Den sicher aufschlußreichsten Hinweis auf *Venus im Pelz* nimmt B. Bittrich in Pohlheims *Handbuch der deutschen Erzählung* vor. Er bezieht sich auf einen »literaturhistorischen Standpunkt« und ordnet die »Venus« als »das früheste naturalistische Erzählwerk in deutscher Sprache« ein. Selbst Zweifel an der künstlerischen Gestaltung hindern Bittrich nicht daran, Masochs Werk einen angemessenen Platz in der Literaturgeschichte einzuräumen.[17]

Überblickt man Autorenlexika der Gegenwart, so fällt auf, daß renommierte Standardwerke den Schriftsteller Leopold von Sacher-Masoch aussparen. Lediglich in fünf Lexika ist von seinem Leben und Werk die Rede.[18] Der Autor der *Venus im Pelz* ist nach wie vor ein Tabu.

Dennoch liegen einige Untersuchungen zum Leben und Werk Masochs vor. A. Spineks Dissertation untersucht den Erzählzyklus *Das Vermächtnis Kains* auf dem Hintergrund möglicher literarischer Vorlagen.[19] R. Federmann kommentiert die Werke *Lola*, *Venus im Pelz* und *Don Juan von Kolomea*.[20] W. Braun sieht Leben und Werk Masochs im kulturkritischen Vergleich.[21] K. Perutz schildert in einer Biographie das Leben des Autors in seiner Zeit.[22] H. Schreiber stellt Texte Masochs in einen Zusammenhang mit sexualpathologischen Erscheinungen in der Literatur.[23]

Die dezidiertesten Auseinandersetzungen mit der *Venus im Pelz* liefern G. Deleuze[24], M. Treut[25] und A. Koschorke[25a]. Schließlich ist auf die materialreiche Anthologie von M. Farin zu verweisen. Farin versammelt Texte zur Wirkungsgeschichte Sacher-Masochs, die von der zeitgenössischen bis zur gegenwärtigen Kritik reichen.[26]

Der 150jährige Geburtstag Sacher-Masochs wird in der westdeutschen Presse zur Kenntnis genommen. Kaum eine Tageszeitung läßt eine Notiz darüber aus. Man interessiert sich freilich weniger für den Schriftsteller. Vielmehr verweist man auf den Namenspatron der umgangssprachlich geläufigen Bezeichnung Masochismus. Ein deutsches Nachrichtenmagazin lichtet neben seinem Beitrag Bilder masochistischer Praktiken sensationslüstern ab. Dennoch entdeckt man Masoch auch als Literaten: »Eine schillernde Figur mit einem höchst merkwürdigen, merkwürdigen Werk tritt hervor, ein liberaler, scharfsinniger Kopf

des 19. Jahrhunderts, Realist und Phantast zugleich, Knecht der Weiber und Psalmodist ihrer Stärke.«[27]
Eine andere Wochenzeitschrift sieht in ihm einen »Aufklärer im Pelz«. Man würdigt Masochs literarische Einsicht, »daß das Weib erst dann Gefährtin des Mannes sein könne, wenn es die gleichen Rechte habe wie er«. Dennoch tituliert man sein Werk als einen »Haufen Trivialliteratur«, in dem »auch einiges von literarischem und zeitgeschichtlichem Wert« zu finden sei.[28]
Der Begriff Masochismus ist heute in aller Munde, einige können ihn auf Sacher-Masochs Roman *Venus im Pelz* zurückführen, aber nur wenige haben diesen gelesen. Deshalb geben wir eine knappe Inhaltsangabe des Romans.

Zum Inhalt des Romans **Venus im Pelz**

Leopold von Sacher-Masochs Roman *Die Venus im Pelz* erschien 1869 in dem Erzählzyklus *Das Vermächtnis Kains*. Man findet ihn als Nr. 5 in dem Themenkreis »Die Liebe«.
Venus im Pelz ist eine Rahmenerzählung. Ein namenloser Ich-Erzähler ist über der Lektüre Hegels eingeschlafen. Im Traum erscheint ihm Venus, die »wahrhafte Liebesgöttin«, sie hat »ihren Marmorleib in einen großen Pelz gewickelt« (*Venus*, 9)[29]. Unter dem Pelz, der sie vor der Kälte des Nordens schützen soll, hält sie ihre Liebe verborgen, jene Liebe, welche »die höchste Freude, die göttliche Heiterkeit selbst ist« (*Venus*, 11). Denn ihre göttliche Liebe tauge nicht für die »Modernen«, die »Kinder der Reflexion«, die im »nordischen Nebel und christlichen Weihrauch« (ebd.) die sinnliche Heiterkeit der Antike verdrängt haben. In dieser modernen Zivilisation, so die Venus, sei sie »grausam« geworden. Und sie begründet:
»›Ja, ich bin *grausam* – […] – und habe ich nicht recht, es zu sein? Der Mann ist der Begehrende, das Weib das Begehrte, dies ist des Weibes ganzer, aber entscheidender Vorteil, die Natur hat

ihm den Mann durch seine Leidenschaft preisgegeben, und das Weib, das aus ihm nicht seinen Untertan, seinen Sklaven, ja sein Spielzeug zu machen und ihn zuletzt lachend zu verraten versteht, ist nicht klug.‹« (*Venus*, 12)

Das, so die Liebesgöttin im Pelz weiter, beruhe auf »›tausendjähriger Erfahrung‹«, denn »›je hingebender das Weib sich zeigt, um so schneller wird der Mann nüchtern und herrisch werden; je grausamer und treuloser es aber ist, je mehr es ihn mißhandelt, je frevelhafter es mit ihm spielt, je weniger Erbarmen es zeigt, um so mehr wird es die Wollust des Mannes erregen, von ihm geliebt, angebetet werden‹« (ebd.).

Ehe der Träumende erwacht, gesteht er, ihn könne nichts mehr reizen, »als das Bild einer schönen, wollüstigen und grausamen Despotin« (ebd.), die einen Pelz trage. Mit den Resten der geträumten Wünsche und Ängste im Kopf, besucht er seinen Freund, den Gutsbesitzer Severin Kusiemski. Hier trifft er sein Traumbild in der Form eines Ölgemäldes wieder:

»›*Venus im Pelz!*‹ rief ich, auf das Bild deutend, ›so habe ich sie im Traume gesehen‹« (*Venus*, 14).

Und so sieht er sie auf der Abbildung: »Es war ein großes Ölgemälde in der kräftigen farbensatten Manier der belgischen Schule gemalt, sein Gegenstand seltsam genug.

Ein schönes Weib, ein sonniges Lachen auf dem feinen Antlitz, mit reichem, in einen antiken Knoten geschlungenem Haare, auf dem der weiße Puder wie leichter Reif lag, ruhte, auf den linken Arm gestützt, nackt in einem dunkeln Pelz auf einer Ottomane; ihre rechte Hand spielte mit einer Peitsche, während ihr bloßer Fuß sich nachlässig auf den Mann stützte, der vor ihr lag wie ein Sklave, wie ein Hund, und dieser Mann, mit den scharfen, aber wohlgebildeten Zügen, auf denen brütende Schwermut und hingebende Leidenschaft lag, welcher mit dem schwärmerischen brennenden Auge eines Märtyrers zu ihr emporsah, dieser Mann, der den Schemel ihrer Füße bildete, war Severin, aber ohne Bart, wie es schien um zehn Jahre jünger« (ebd.).

Severin hilft dem Freund, dessen erotischen Traum zu deuten. Er überläßt ihm sein Tagebuch, die »Bekenntnisse eines Übersinnlichen« (*Venus*, 17). Es handelt von frühen Gefühlsverwirrungen, von der Liebe zu einer Pelzdame. So wird aus der antiken Marmorstatue des Traums eine reale (besser: literarische) Person. Die Bekenntnis-Schrift ist der eigentliche Kern des Romans:

Der Ich-Erzähler des Tagebuchs, Severin, macht während eines Kuraufenthaltes die Bekanntschaft mit einer schönen Frau: Wanda. Diese verkörpert für ihn ein Ideal; sie erinnert ihn an Titians »Venus mit dem Spiegel«. Eine Photographie des Gemäldes hatte der Held bereits früher erworben und mit der Überschrift versehen »*Venus im Pelz*« (*Venus*, 20). Wanda erklärt Severin freimütig ihre Vorliebe für Promiskuität:

»›Nein, ich entsage nicht, ich liebe jeden, der mir gefällt, und mache jeden glücklich, der mich liebt. Ist das häßlich? Nein, es ist mindestens weit schöner, als wenn ich mich grausam der Qualen freue, die meine Reize erregen, und mich tugendhaft von dem Armen abkehre, der um mich verschmachtet‹« (*Venus*, 27).

Sie will »lieben und leben, wie Helena und Aspasia gelebt haben« (*Venus*, 26); sie fühlt sich als eine Hellenin, die es in den kalten Norden der freudlosen Christen verschlagen habe. Daraufhin antwortet Severin mit seinem Bekenntnis: In Kindheit und früher Jugend habe er leidenschaftliche Verzückungen erlebt, wenn er antike Statuen der Venus betrachtete, wenn er von einer herrschsüchtigen Tante ausgepeitscht wurde, oder wenn er Bilder von Märtyrern ansah. Dieselben Erregungen habe er bei Anblick und Berührung von Pelzen empfunden.

Wanda geht auf den Wunsch des Helden ein, er solle ihr Diener sein, sie habe die Rolle einer Despotin zu spielen. Sehnsüchtig begehrt Severin nach Peitsche und Pelz. Die Frau folgt dem Verlangen, aber anfänglich zweifelt sie nachhaltig, ob sich das gehöre. Schließlich gibt sie nach; sie bekennt Severin: »›Du hast gefährliche Elemente in meiner Natur geweckt‹« (*Venus*, 53).

Das Liebesspiel wird in einem Vertragsverhältnis besiegelt: Ein selbstgewollt rechtloser Sklave unterwirft sich einer Domina. Severins einzige Bedingung ist, die Herrin möge bei der körperlichen Züchtigung Pelze anlegen. Aus Wanda wird die Venus im Pelz. Drei Fetische statten sie aus: Pelz, Mütze und Peitsche.
Die Pelzdame und ihr Prügelknabe begeben sich auf Reisen. Nach Italien führt der Weg. Severin bekommt hinreichend Gelegenheit, seine wollüstigen Verlangen auszuleben: kein Schäferstündchen ohne Pelz und Peitsche. Die Exzesse werden erst aufgehoben, als Wanda sich in eine dritte Figur verliebt, den »Griechen«, einen Mann mit »athletischen Glieder[n]« (*Venus*, 133). In ihm erblickt die Pelzdame ihr Ideal; sie brauche – wie sie wiederholt betont – einen starken Mann, zu dem sie aufblicken könne.
Unter dem Beifall der Frau peitscht der Grieche Severin »Hieb für Hieb« seine »wollüstige Phantasie« und »Poesie« (*Venus*, 136) aus dem Leibe. Die Lektionen sind erteilt; der Held gesundet, er resümiert: »[...]: die Kur war grausam, aber radikal, und die Hauptsache ist: ich bin gesund geworden« (*Venus*, 138). Als Moral aus der Geschichte ergibt sich für Severin, eine Frau könne einem Mann nur dann gleichberechtigt sein, wenn sie »ihm gleich steht an Rechten, wenn sie ihm ebenbürtig ist durch Bildung und Arbeit« (ebd.). Bis dahin – so weiß nicht nur Sacher-Masochs Figur – ist es ein langer Weg; Severin will ihn aber nicht beschreiten. Er beläßt es bei rhetorischen Versicherungen; sein Gegenwartsverständnis kennt nur den Kampf der Geschlechter, bei dem er nun der Schlagende (»Hammer«) sein will:
»›Jetzt haben wir nur die Wahl, Hammer oder Amboß zu sein, und ich war der Esel, aus mir den Sklaven eines Weibes zu machen, verstehst du?
Daher die Moral der Geschichte: Wer sich peitschen läßt, verdient, gepeitscht zu werden‹« (ebd.).

Ist Masochs Frauenfigur eine Sadistin?

Handelt Masochs Frauenfigur grausam? Kann man sie als Sadistin bezeichnen? Um das zu klären, skizzieren wir noch einmal Wandas Lebensgeschichte.

Im Roman durchläuft die Venus *drei* Entwicklungsstufen[30]. In der *ersten* begeistert sie sich für zügelloses Triebausleben. Sie treibt es mit wem und sooft sie will. Von diesen Vergnügungen bringt sie Severin ab, indem er andere anbietet. Er erzieht sie zu seiner Domina (*Stufe* 2). Die *dritte* Entwicklungsstufe steht am Erzählschluß. Wanda verbündet sich mit dem »Griechen«. An der Seite eines Sadisten wird sie selbst zur Sadistin, begeistert läßt sie Severin auspeitschen.

Die drei Entwicklungsstufen müssen auseinandergehalten werden, um Mißverständnissen der Beurteilung von Sacher-Masochs Roman zu entgehen. Als Beispiel für derartige Mißverständnisse sei aus einer Einleitung zur »Venus im Pelz« zitiert: »Seinen Einzug in die wissenschaftliche Nomenklatur hat sich Sacher-Masoch redlich verdient. Seine Frauenfiguren sind vollendet sadistische Herrinnen über restlos masochistische Männersklaven.«[31]

Das ist falsch. Denn Wanda wird erst am Ende des Romans eine »sadistische Herrin«. Auf ihrer *ersten* Entwicklungsstufe erscheint sie ja als das gerade Gegenteil. Eine bereits oben zitierte Textstelle besagt das. Die Frau verabscheut es, Männer zu quälen, sie will sie beglücken: »›[...], ich liebe jeden, der mir gefällt, und mache jeden glücklich, der mich liebt. Ist das häßlich? Nein, es ist mindestens weit schöner, als wenn ich mich grausam der Qualen freue, die meine Reize erregen [...].‹« (*Venus*, 27)

Und auch auf ihrer *zweiten* Entwicklungsstufe – dem Kern der Handlung – ist sie ganz auf das Glück ihres männlichen Mitspielers bedacht. Obwohl ihr das Auspeitschen mißhagt, willigt sie um Severins willen ins Spiel ein. Die Venus steht außerhalb des sadistischen Weltbildes. Nicht sie verführt Severin, *er* verführt sie: zur Peitsche. Einen derartigen Zusammenhang macht auch Deleuze geltend:

»Es ist ein Irrtum zu glauben, die masochistische Person begegne wie durch glücklichen Zufall einer sadistischen Person. Jede Person in einer Perversion braucht das substantielle Element dieser Perversion, und nicht eine Person der anderen Perversion. Alle Beobachtungen zum Typ des weiblichen Henkers im Rahmen des Masochismus erweisen, daß sie weder eine wahre noch eine falsche Sadistin ist, sondern etwas ganz anderes, etwas, das, auch wenn es ihn subjektiv nicht verwirklicht, dem Masochismus wesentlich angehört und das das substantielle Element des »Leidenmachens« in einer Perspektive darstellt, die masochistisch ist und nichts als das. Daher sind die Helden Masochs und Masoch selber auf der Suche nach einer bestimmten, schwer zu findenden Frauennatur: das masochistische Subjekt braucht eine gewisse masochistische »Substanz«, welche nur in einer Frauennatur verwirklicht sein kann, die auf ihren eigenen subjektiven Masochismus verzichtet hat; keinesfalls braucht es ein anderes, sadistisches, Subjekt.«[32]

Deleuze zeigt, daß Masochs Held eine »Frauennatur« ausbildet, von der er einklagt, geknechtet zu werden. Anders ausgedrückt: Die männliche Figur verlangt nach Dienstleistungen; die weibliche Figur hat – nach ganz konventioneller Vorstellung – zu gehorchen. Severin ist nur zum Schein unterwürfig. Er *fordert* von Wanda, sie solle ihn unterwerfen. Wir haben es mit einem eigentümlich paradoxen Verhältnis zu tun: Der Mann, der Gequälte, befiehlt, während die Frau, die Quälende, nur seinen heißen Wunsch ausführt. Ein männliches Bedürfnis nach Erniedrigung und Qual fordert weibliche Grausamkeit heraus. Diese Grausamkeit kann nur in einem *deskriptiven* Sinn grausam sein. Denn Wanda handelt zwar grausam, wenn sie Severin züchtigt, ihre Destruktionsenergien sind jedoch Quelle seiner Lust.

Wirklich grausam, böse, wird die Frau ausschließlich auf der *dritten* Entwicklungsstufe. Hier peinigt sie ohne das Einverständnis des Gequälten. Als ihr »Grieche« Severin auspeitscht, empfindet sie ein diabolisches Vergnügen an der Situation eines Bemitleidenswerten. *Das* ist grausam. Die Frau wird zur »sadistische[n] Herrin«[33]. Aber, so noch einmal Deleuze: »Wanda in der *Venus* wird sadistisch nur, weil sie die ihr von Severin auferlegte Rolle nicht länger durchhalten kann«[34]. Ein Brief der Pelzdame an Severin, drei Jahre nach ihrer Trennung, belegt das: »›Jetzt, wo mehr als drei Jahre seit jener Nacht in Florenz verflossen sind, darf ich Ihnen noch einmal gestehen, daß ich Sie sehr geliebt habe, Sie selbst aber haben mein Gefühl erstickt durch Ihre phantastische Hingebung, durch Ihre wahnsinnige Leidenschaft‹« (*Venus*, 137).

Ist Masochs Frauenfigur eine femme fatale?

Der Typus der femme fatale ist viel zu variantenreich, um ihn auch nur annähernd vorführen zu können. Selbst fast tausend Textbeispiele reichen nicht aus, Verwirrungen endgültig zu klären[35]. Im Mythos und in der Literatur hat es diesen Typus immer gegeben. Man kann buchstäblich bei Adam und Eva anknüpfen. In der Genesis verführt die erste Frau den ersten Mann zum Bösen. Die abendländische Geistesgeschichte sieht in Eva das Symbol ruinösen Einflusses. Die Frau soll an allem schuld sein. Als Sprachrohr des Bösen und der Versuchung habe sie die Vertreibung aus dem Paradies zu verantworten. Im Vorderen Orient, in der griechischen Antike und an vielen Schauplätzen mehr legt eine weibliche Verführerin ihre Fallstricke.

Autoren des ausgehenden 19. Jahrhunderts greifen intensiv auf grausam-verderbliche Frauenbilder der Vorgeschichte zurück. Lilith, Dalila, Circe, Venus, die schöne Helena – sie alle, und viele andere mit ihnen, erschienen in neuem Gewande der Dichtungen von Wilde, Dehmel, Hauptmann, Wedekind usw.[36]. Mit Männern stürzen christliche Seelen ins Verderben. Wagners

Wiederbelebung der Tannhäuser-Sage steht dafür. Die femme fatale spielt unterschiedliche Rollen, ob als exotisch-attraktive und bedrohlich-lockende Verführerin, als Tyrannin oder als launisch spielerische Dame der großen Gesellschaft. Eins ist sie immer: männerverderbend. In Männerphantasien erscheinen Schreck- und Warnbilder des Weiblichen. Ist Sacher-Masochs Venus auf ihren drei Entwicklungsstufen mit einem derartigen Frauenbild zu vergleichen?

Auf der *ersten* Stufe spielt sie sicher nicht die Rolle einer femme fatale. Denn sie bekennt ja, sich – und ihren Männern – ein Höchstmaß an Liebeserfüllung bescheren zu wollen. Sie plädiert für ein sinnenfrohes, herrschaftsfreies Verhältnis der Geschlechter. Nichts liegt ihr ferner als grausame Freude an den »Qualen« (*Venus*, 27) schmachtender Männer. Auf der *zweiten* Entwicklungsstufe stimmen zwar Eigenschaften und äußere Kennzeichen der Venus vordergründig mit einer femme fatale überein. Sie ist exotisch und attraktiv, sie ist launisch und droht. Aber sie ist keine Verführerin. Die Unterwerfungsattitüden des Mannes verlangen nach einer dominanten Frau. Sie soll herrschen: lieblos, freudlos und undankbar. Die Verführung geht nicht von ihr aus, ihre Naturelemente müssen ja durch männliche Signale geweckt und herangezüchtet werden. Die Venus ist eher passiv-duldend als aktiv-bedrohend. Ihre Handlungen *erscheinen* bedrohlich, von Severin werden sie dringlich erbeten. Das Verhalten der Frauenfigur antwortet auf verborgene männliche Wünsche.

Wie sehr die Venus auf der zweiten Entwicklungsstufe nur oberflächlich mit einer femme fatale des literarischen Fin de siècle vergleichbar ist, verdeutlicht eine Motivbeschreibung von W. Rasch. Er betont grundsätzlich, das männliche Verhältnis zu einer femme fatale sei »tief zwiespältig, in sich widersprüchlich. Denn das Verlangen nach der starken, überlegenen Frau ist durchsetzt mit Angst, der Angst, von ihr überwältigt, verschlungen, vernichtet zu werden. In solche Angst aber mischt sich wiederum ein heimliches Bedürfnis nach Unterwerfung, Qual, Zerstörung, ein Bedürfnis, das auch die extremen Ausprägungen weiblicher Stärke, ihre Grausamkeit und Zerstörungslust bejaht.«[37]

Severins Verhältnis zu Wanda ist ebenso von einem Bedürfnis nach »Unterwerfung, Qual, Zerstörung« bestimmt. Er bejaht weibliche »Grausamkeit und weibliche Zerstörungslust«. Allerdings ist das kaum »zwiespältig« und »in sich widersprüchlich«. Denn der Prügelknabe bringt sein gar nicht »heimliches Bedürfnis« in ein rituelles Vertragsverhältnis ein. Bewußt unterwirft er sich weiblicher »Zerstörungslust«. Der männliche Teil genießt, schutzlos gequält zu werden. Angst wird zu Lust umgemünzt.

Erst auf der *dritten* Entwicklungsstufe wird die Venus zur femme fatale. Sie treibt ihr Spiel nicht mehr mit einem Vertragspartner, sondern mit einem bedingungslos Unterlegenen. Aus dem grausamen Spiel wird grausamer Ernst. Wanda ist eine Tyrannin. Sie folgt unmenschlichen Launen. Jetzt können wir sie mit einer zentralen Symbolfigur für die femme fatale der literarischen Décadence um 1900 vergleichen: Oscar Wildes »Salome«. Salome verlangt von Herodes den Kopf des im Kerker eingesperrten Propheten Jochanaan. Voller Hohn spricht sie aus: »Zu meiner eigenen Lust begehre ich das Haupt des Jochanaan in einer silbernen Schüssel.«[38] Allerdings liefert auch Wildes Gestalt der femme fatale keinen endgültigen Schlüssel, um Wanda prototypisch zu bestimmen. Denn ihre Wirkungsmacht reicht nicht so weit, das Haupt ihres Prügelknaben auf ihre Lanze zu stecken. Die tödliche Bedrohung durch die sinnliche Frau treibt Severin nur vorübergehend in den Ruin, letztendlich gesundet er unter der Peitsche. Demzufolge ist die Pelzdame nur bedingt in eine »Minimaldefinition« einzuordnen, wie sie Carola Hilmes grundsätzlich für den Weiblichkeitstypus der femme fatale vorschlägt:

»Dieser ›Minimaldefinition‹ zufolge ist die Femme fatale eine meist junge Frau von auffallender Sinnlichkeit, durch die ein zu ihr in Beziehung geratender Mann zu Schaden oder zu Tode kommt. Die Verführungskünste einer Frau, denen ein Mann zum Opfer fällt, stehen in den Geschichten der Femme fatale im Zentrum. Oft agiert die Frau in der Funktion eines Racheengels und wird in vielen Fällen am Ende der Geschichte für ihre Taten mit dem Tode bestraft.«[39]

Selbst wenn die Venus auf ihrer dritten Entwicklungsstufe als ein »Racheengel« agiert, so befördert das doch den positiven Lernprozeß des Geprügelten. So »grausam« die Kur auch war, für Severin steht ja als »Hauptsache« fest: »[...] ich bin gesund geworden« (*Venus*, 138).

3.
Zu Thomas Manns möglicher Lektüre der *Venus im Pelz*. Ein Indizienbeweis

Unterzieht man sich der Mühe, das essayistische Werk Thomas Manns, die Tagebücher (soweit erschienen), Briefe, Interviews und Selbstaussagen über seine Dichtung nach dem Stichwort »Sacher-Masoch« zu durchforsten, so gelangt man zu dem eindeutigen Ergebnis: Fehlanzeige. Nimmt man dennoch an, Thomas Mann habe Sacher-Masochs Roman *Venus im Pelz* gelesen, so ist ein möglicher Beweis nur über Indizien zu führen. Drei Indizien sollen benannt werden:

1. Es wurde bereits oben (2.1) darauf verwiesen, daß Krafft-Ebing (1890) den Begriff des Masochismus anhand des Romans *Venus im Pelz* gewonnen hat; Schrenk-Notzing schließt 1892 daran an.

Möglicherweise hat Thomas Mann die Werke der beiden Sexualwissenschaftler bereits im letzten Jahrzehnt des 19. Jahrhunderts (also vor seinen Freud-Studien) gelesen[1], hier könnte er auf den Schriftsteller Sacher-Masoch aufmerksam gemacht worden sein. Für die pubertierende Jugend dieser Zeit waren Krafft-Ebings Studien wichtige Quellen zur Befriedigung sexueller Neugierde.

2. Für die Schaffenszeit der frühen Erzählungen sind die Briefe an den Schulfreund Otto Grautoff ein besonderes Zeugnis für die Haltung des jungen Thomas Mann zu Eros und Sinnlichkeit. Man findet die so oft zitierten Sätze:

»Ich habe mich in letzter Zeit nahezu zum Asketen entwickelt. Ich schwärme, in meinen schönen Stunden, für reine ästhetische

Sinnlichkeit, für die Sinnlichkeit des Geistes, für den Geist, die Seele, das Gemüt überhaupt. Ich sage, trennen wir den Unterleib von der Liebe!«[2]

Oder:

»Wie komme ich von der Geschlechtlichkeit los? Durch Reisessen? – –«[3]

Grautoff erfährt in den Briefen von den Plänen des jungen Schriftstellers, von ersten Werken, Erfolgen und Niederlagen. Um es vorwegzunehmen: auch an dieser Stelle kein Wort über eine Lektüre der Schriften Leopold von Sacher-Masochs. Man findet jedoch einen Beleg für Thomas Manns Interesse an Masochs Grundthema – die Darstellung und Deutung des Leidens. Dem Brief vom 17.1.1896 werden eine Reihe von Manuskripten beigelegt:

»›Im Mondlicht‹ (Palestrina, August 95), ›Begegnung‹ (Porto d'Anzio, September 95) ›Zur Psychologie des Leidenden‹ (hier, November 95) und ›Der Wille zum Glück‹ (hier, Dezember 95).«[4]

Wie Peter de Mendelssohn in seinen Anmerkungen zum Briefwechsel ausführt, handelt es sich bei den ersten drei Titeln um »verschollene Manuskripte«.[5] Überliefert ist bekanntlich einzig »Der Wille zum Glück«. Verlorengegangen sind auch Grautoffs Briefe. Trotz dieser Verlustanzeigen erscheint es aufschlußreich, daß Thomas Mann im November 1895 einen Text mit »Zur Psychologie des Leidenden« überschreibt. Unzweideutig ist das Inspirationszentrum des Erzählers ersichtlich. Sicher kann man nur mutmaßen, wie die explosiven Mächte einer leidenden Psyche gestaltet worden sind. Dennoch signalisiert die gewählte Thematik eine Affinität zum Ideengehalt des Romans *Venus im Pelz*.

Bedenkt man, wie sorgfältig, ja penibel Thomas Mann mit seinen Manuskripten umging, so kann es kaum zufällig sein, daß einzig eine der Erzählungen aus der Postsendung an Freund Grautoff erhalten blieb. Gab es keine Kopien? Oder wurden diese aus bestimmten Gründen vernichtet? Sicher, der Autor stand höchst ambivalent zu seinen frühen Erzählungen; drei von ihnen wurden erst nach seinem Tod zum zweiten Mal veröffentlicht. Aber daß Texte gänzlich verloren sind, scheint mehr als einer unglücklichen Gelegenheit geschuldet zu sein. Wir lassen offen, ob es sich um ein initiiertes Verwischen von Spuren handelt.

3. Das dritte Indiz für Thomas Manns Lektüre der *Venus im Pelz* ist mit Hermann Bahr verbunden. Im Jahr 1890 veröffentlicht dieser den Roman *Die gute Schule.* Thomas Mann schätzt das Werk, seine »Notizbücher« von 1894 zitieren daraus.[6] Sind in Bahrs Text Spuren aufzufinden, die auf Sacher-Masoch verweisen?

Bis in Details orientiert sich Bahr an Joris-Karl Huysmans Roman *A Rebours* (1884; deutsch: *Gegen den Strich*)[7]. Hier dient dem Helden des Esseintes eine Frau vornehmlich dazu, die überreizten Nerven zu stimulieren. Sie erscheint als raubtierartige Quälerin; ihre Praktiken korrespondieren mit dem männlichen Verlangen nach Unterwerfung und Selbstabsorption. Durch Erniedrigung und Versklavung suchen auch Bahrs Figuren ihren Lustgewinn. Unersättlich erfreuen sich der Held und seine Geliebte Fifi an Sexualausschreitungen: an Bissen, Schlägen und Peitschenhieben. »Ihr Bund«, so der Erzähler, steht ganz »im Zeichen der Peitsche«. Und weiter:

»Es war eine grausame und ruchlose Folter, von unersättlicher Gier, die wachsend wüthiger brandete jedes neue Mal, erfinderisch in Gräueln, eine verirrte Wollust in den Wahnsinn hinein. Sonst kam es ihnen nicht mehr zur Befriedigung, als wenn sie sich mit Blut zusammenleimten; und bis in die Eingeweide, mit verkrampften Nägeln, mußten sie sich zerwühlen und an den Gedärmen zerren, damit, von so viel Leidenschaft niedergeritten und gestampft, ihre stumpfen und verwüsteten Nerven noch einmal empfänden.«[8]

Die »betäubende Wollust«[9] geht so weit, daß Schmerz, Leid und Todesnähe als beglückende Erlebnisse empfunden werden. Ein solches Genießen entspricht nicht nur Huysmans Held, sondern auch jener »wollüstige[n] Phantasie« (*Venus*, 136) von Masochs Erzählfigur. Einzelheiten belegen das. Severin blickt auf Peitschen, »wie man sie für Hunde hat« (*Venus*, 49); der Sexualkrampf von Bahrs Protagonisten erfreut sich an der »Hundepeitsche«[10], die die Partnerin züchtigt. Jens Malte Fischer hat einen derartigen Zusammenhang zwischen Bahr und Masoch erkannt. Ohne Textbelege aus der *Venus* direkt heranzuziehen, macht er auf eine thematische Strukturidentität aufmerksam. Er führt aus: »Die Hundepeitsche ist ja auch jenes Instrument, das, unter umgekehrten Vorzeichen, den Roman ›Venus im Pelz‹ von Leopold von Sacher-Masoch beherrscht«.[11]

Da der junge Thomas Mann Bahrs Prosa intensiv studiert hat und sie als Vorlage für erste Schreibübungen heranzog, (Bahrs Einfluß auf die Erzählungen »Vision« und »Gefallen« steht außer Frage[12]), ist es nicht ausgeschlossen anzunehmen, daß er auf diesem Weg einen Zugang zur Lektüre der *Venus im Pelz* gefunden hat.

Diese Hypothese läßt sich stützen, wenn man das *essayistische* Werk Hermann Bahrs betrachtet. Gesichert ist, daß Thomas Mann Bahrs Schriften *Zur Kritik der Moderne* (1890), *Die Überwindung des Naturalismus* (1891), *Studien zur Kritik der Moderne* (1894) und *Renaissance* (1897) gekannt hat. Der Inhalt dieser Schriften und der darin erkennbare Positionswechsel braucht uns an dieser Stelle ebensowenig zu interessieren wie Thomas Manns unterschiedliche Stellungnahmen dazu. Entscheidend ist, daß eine Rezeption stattgefunden hat. Nur soviel: Bahr ändert nach 1894 seine Einstellung zur Dekadenz. Stand er dieser vorher »ausschließlich positiv gegenüber«, so kommt es 1897 zu einer »völligen Verurteilung der Bewegung«[13]. Mit dieser generellen Verurteilung ist eine Abrechnung mit Sacher-Masoch verbunden. Ein eigenes Kapitel der Essaysammlung »Renaissance« ist dem gewidmet. Masochs unglückliche Existenz dient Bahr als Warnbeispiel dafür, wie ein Entwurzelter den Bezug zur

Realität verloren habe. Zwar sei Masoch ein »Zauberer«[14], der »wie ein Talent in die Literatur« eintrat. Aber:
»Es ist sehr traurig, daß er diese Gaben vergeudete, dem Schönen nicht nützte und darum so elend sterben mußte, verlassen, vergessen, verachtet.«[15]
Und:
»Es gab keine Cultur, die seinem Talente gemäß gewesen wäre. Es gab keine Gemeinschaft, die er als den Ausdruck seiner Kräfte fühlen konnte. So löste er sich von den Menschen, sonderte sich von der Welt, gehorchte statt ihren Gesetzen nur seinen Launen und statt Vergangenheit und Gegenwart der anderen in sich walten zu lassen, verhärtete er sich trotzig allein und unfruchtbar mußte seine einsame Schönheit verschmachten.
Das Schicksal des Sacher-Masoch ist eine Warnung vor dem Dünkel und eine Lehre der Demuth. Es sagt, daß wir uns nicht vom Leben trennen sollen, um jeden Preis immer anders als die anderen, sondern daß wir unsere Seele nur als eine Anweisung auf unseren Posten im Ganzen betrachten sollen.«[16]
Bahrs Renaissance-Schrift liefert Thomas Mann Impulse für seine Erzählung »Gladius Dei«.[17] Erste Notizen dazu werden 1899 gemacht.[18]
An dieser Stelle ist ein historischer Einwand möglich. Denn Bahrs Kritik an Sacher-Masoch erschien ja 1897, also zu einem Zeitpunkt, da Thomas Mann bereits eine Anzahl von Erzählungen geschrieben hatte. Möchte man auch auf diese frühen Erzählungen einen Einfluß der »Venus im Pelz« geltend machen, dann bietet es sich an, zwei Hypothesen zu verfolgen.
Die erste verweist noch einmal auf Thomas Manns Lektüre. 1894 hatte er, laut Tagebuchnotiz, Bahrs »Die gute Schule« gelesen. Dieser Roman folgt Sacher-Masochs Grundthematik. Das dürfte Thomas Manns Interesse geweckt haben. Die zweite Hypothese stützt sich auf einen Artikel Hermann Bahrs vom 23.3.1895 in der Zeitschrift *Die Zeit* (Wien). Die hier geäußerte Kritik an Sacher-Masoch nimmt die (oben zitierten) Aussagen der Renais-

sance-Schrift vorweg.[19] Selbst wenn nicht bewiesen ist, daß Thomas Mann diesen Artikel gelesen hat, so steht doch seine intensive Auseinandersetzung mit Bahr eher dafür. In einem Brief an Grautoff vom 17.5.1895 (also sieben Wochen nach der Veröffentlichung von Bahrs Artikel) geht er mit seinem einstigen Lehrmeister hart ins Gericht. Er bezeichnet Bahr als einen »bubenhaft frivolen und falsch sentimentalen Pseudo-Pariser«.[20] Die Berechtigung dieser Aussage mag dahingestellt bleiben; gesichert ist, daß sich der junge Münchner Schriftsteller zur genannten Zeit mit Bahr herumgeschlagen hat. Bahrs *direkter* Verweis auf Sacher-Masoch läßt die These zu, Thomas Mann habe *Venus im Pelz* gelesen.

4.
Gerda von Rinnlingen, die Katze des bürgerlichen Salons. Zur Erzählung »Der kleine Herr Friedemann«

Zum Inhalt der Erzählung

Thomas Manns Novelle erzählt im Zeitrafferverfahren die Lebensgeschichte des Helden Johannes Friedemann: von der Geburt bis zum Tod. Durch die Unachtsamkeit seiner trunksüchtigen Amme wird er zum Behinderten. Die körperliche Außenseiterexistenz kompensiert der Heranwachsende im Kunstgenuß und in kleinen Lebensfreuden. Seine ästhetische Lebensweise macht ihn zudem zu einem geistigen Außenseiter innerhalb der vorgeführten Welt bürgerlichen Geschäftslebens.

Der durch die Realitätsabsonderung aufgezwungene (und selbstgewählte) Kult der Innerlichkeit wird in seiner Widersprüchlichkeit vorgeführt, als Friedemann einer markanten Frauengestalt begegnet: Gerda von Rinnlingen. Gerdas Erscheinung fasziniert die männlichen Figuren der Erzählung. Allein sie ist eine Leidende, und als solche ebenfalls eine Außenseiterfigur. Das wiederholte Zusammentreffen der beiden Außenseiter endet für den Helden tödlich. Als Friedemann Gerda verzweifelt bittet, ihm eine Leidensgenossin zu sein, weist sie ihn spöttisch ab. Er ertränkt sich im nahen Fluß.

Ist Friedemann ein Masochist?

In einem Brief an den Jugendfreund Otto Grautoff vermerkt Thomas Mann, mit dem »Friedemann« eine »gänzlich psychopathische Novelle«[1] geschrieben zu haben. Dieser Selbstaussage des Autors stehen psychologische Analysen Friedemanns zur Seite. F. D. Hirschbach betont die selbstdestruktiven Charakterzüge Friedemanns und bezeichnet ihn als einen Masochisten: »Friedemann is a masochist, and thus we can explain his selfdestruction at the garden party.«[2] Dettmering beschreibt mit Hilfe psychoanalytischer Terminologie Friedemanns Suizid als Konfliktbewältigung. Er interpretiert den »Wille[n] zur Selbstauslöschung« auf dem Hintergrund von Freuds Suiziddeutung.[3] H. Anton untersucht die Geschichte Friedemanns im Lichte Freudscher Kategorien. Friedemann wird als ein Masochist ausgegeben, der als das Opfer einer narzißtischen und sadistischen Frau erscheint.[4] Ebenso sieht R. Baumgart in Manns frühen Erzählungen »sanfte Exzesse in Masochismus und Sadismus«[5] vorgeführt. Und für K. W. Böhm ist Friedemann »der erste Masochist im Werk Thomas Manns«[6].

Die folgenden Untersuchungen verfolgen nicht das Ziel zu klären, ob Friedemann – in psychoanalytischer Sicht – ein Masochist sei. Vielmehr soll gefragt werden, ob Thomas Manns Erzähler aus dem Roman des Namenspatrons des Masochismus, aus der *Venus im Pelz*, Themen, Inhalte, Motive oder Techniken übernimmt. Um das näher zu prüfen, greifen wir auch auf andere frühe Erzählungen zurück. Damit ergeben sich zudem erste Hinweise auf ausgewählte Romane. Bei den folgenden Ausführungen geht es im einzelnen um die Requisiten der Frauenfiguren, um ihr Alter und ihr Erscheinen im Streitwagen, um ihre drei Fetische: Peitsche, Mütze, Pelz, um ihre Physiognomie: Haartracht, Hautfarbe, um ihre Körpersprache, um das Motiv der Heimsuchung, des schönen Frauenarms und des Zitterns; analysiert wird das Thema von der gleichgültigen Grausamkeit der Natur, die Technik der stillstehenden Bewegung, die Zeichnung von Farben und Dekors, die Demutsgebärden der Helden, ihr Dilettantismus, ihr Statuen- und Bildfetischismus – schließlich greifen wir das Problem der Femme fatale auf.

Zu den Requisiten der Frauenfiguren

Vergleicht man die *Altersangaben* des Paares Wanda/Severin aus Masochs Roman *Venus im Pelz* mit denen des Paares Gerda/Friedemann aus Thomas Manns Erzählung, so ist eine zweifelsfreie Identität feststellbar. Wanda ist »noch sehr jung, höchstens vierundzwanzig« (*Venus*, 19); Gerda ist »eine so junge Frau – sie ist vierundzwanzig Jahre alt« (*SE*, 66). Von Severin erfährt der Leser im Erzählrahmen, »er war kaum über dreißig« (*Venus*, 13); Friedemann gibt in einem Gespräch mit Gerda sein Alter an: »Dreißig Jahre« (*SE*, 81).

Für Thomas Manns Übernahme ganzer Passagen aus Sacher-Masochs Text spricht die erste Begegnung des kleinen Helden mit der Frau. Gerda von Rinnlingen sprengt gleichsam *als Jagdgöttin in einem Streitwagen* ins Erzählgeschehen ein:

»In der Tat war es der gelbe Jagdwagen, den Frau von Rinnlingen heute benutzte, und sie lenkte die beiden schlanken Pferde in eigener Person, während der Diener mit verschränkten Armen hinter ihr saß« (*SE*, 67).

Aus der Vielzahl derartiger Jagdbilder, an die sich der Ich-Erzähler Severin erinnert, sei eines stellvertretend zitiert:

»Sie [die Venus, H. R.] kutschiert selbst den kleinen Wagen mit den hübschen englischen Braunen, ich sitze hinter ihr und sehe wie sie kokettiert und lächelnd dankt, wenn sie von einem der vornehmen Herren gegrüßt wird« (*Venus*, 93).

Auch die vornehmen Herren in Thomas Manns Erzählung salutieren: »Großkaufmann Stephens grüßte außerordentlich ehrerbietig, als der Wagen herangekommen war« (*SE*, 67).

Trotz der Übereinstimmungen zeigt sich auf den ersten Blick eine inhaltliche Differenz. In der Friedemann-Erzählung sitzt ein fremder Diener hinter der Wagenlenkerin, in Masochs Roman spielt der Held selber die Dienstfigur. Einiges deutet jedoch darauf hin, daß auch Friedemann in die Rolle eines Subalternen schlüpft. Er beugt seinen Kopf und »blickte vor sich nieder auf das Pflaster« (ebd.). Warum aber starrt er vor sich hin auf das Pflaster? Offenbar verbirgt sich mehr dahinter als eine allgemeine Verunsicherung. Friedemann hat ein ganz bestimmtes Signal vernommen. Gerda »senkte«, noch ehe sie mit leichtem Kopfnicken die Grüße der Herren erwiderte, »ihre Peitsche« (ebd.). Dabei betrachtete sie »rechts und links die Häuser und Schaufenster« (ebd.); es wird nicht eigens erwähnt, wohin die Peitsche zeigt. Aber Thomas Manns »Kunst der knappen Andeutung«[7] verrät das tiefe Betroffensein Friedemanns, so daß es nicht eigens gesagt sein muß, daß die Peitsche auf *ihn* weist.

Die Genreskizze der Jagdgöttin wird in der Erzählung »Der Bajazzo« fortgeschrieben. Hinter der blutjungen Erzählfigur Anna Rainer sitzt ebenfalls ein Diener:

»Es war ein kleiner, ganz leichter und zweirädriger Jagdwagen, bespannt mit zwei großen, blanken und lebhaft schnaubenden Füchsen. Die Zügel hielt eine junge Dame von neunzehn vielleicht oder zwanzig Jahren, [...] Ein Bedienter in einfacher, schwarzsilberner Livree dekorierte den Rücksitz« (*SE*, 100).

Das weist noch etwas deutlicher auf die Jagdszene aus *Venus im Pelz* hin. Die von Masoch beschriebenen Pferde, die »hübschen englischen Braunen«, werden zu »blanken und lebhaft schnaubenden Füchsen«. Vor der Pferdedomtrice verneigt sich der Bajazzo eingeschüchtert wie Friedemann, er »trat zur Seite und blieb stehen« (ebd.).

Wie die oben ausgeführte Analyse der *Venus im Pelz* (vgl. Kapitel 2) ergab, gehören zu ihrer Ausstattung *drei Fetische: Peitsche, Mütze und Pelz*. Findet man diese Fetische in Thomas Manns Erzählungen wieder? Von Gerdas *Peitsche* war bereits die Rede.

Die *Mütze*, von Masoch als weiteres Zeichen der Macht eingeführt, erscheint im »Bajazzo« und in der Friedemann-Erzählung als »Strohhut« (*SE*, 67 u. 101). Gerda von Rinnlingen trägt einen »Strohhut mit braunem Lederbande« (*SE*, 67). Zwar klingt mit dem »Strohhut« eine Ironisierung des Symbols für Größe an, das braune »Lederband« verweist aber auf züchtigende Rituale. Freilich ist es nicht von der Hand zu weisen, daß Frau von Rinnlingen in keinem Moment der Erzählung in Pelzwerk gehüllt ist. Im Gegensatz zu Anna Rainer, die der Bajazzo in der Operngarderobe »beim Umlegen der Pelze« (*SE*, 105) beobachtet, trägt Gerda nie derartige Kleidungsstücke zur Schau. Fehlt ihr der dritte Fetisch der Pelzdame, der Pelz? Eine Venus ohne Pelz? Keinesfalls, denn man hat es nur mit einer Differenz auf den ersten Blick zu tun. Thomas Manns »Kunst der knappen Andeutung« (Heftrich) ist auch hier identifizierbar. In einem späteren Erzählabschnitt kommt die Frau »auf einem dicken braunen Teppich lautlos« (*SE*, 74) daher. So lautlos schleichen nur *Katzen*. Mit diesem Pelztier hatte Sacher-Masochs Held Severin wiederholt seine Dame verglichen; sie erscheint abwechselnd als »kleine Katze« (*Venus*, 41) oder als »große Katze« (*Venus*, 44), dann als »ein spielendes Kätzchen« (*Venus*, 99). Zweifellos ergibt sich daraus nur ein vager Vergleich. Bedenkt man jedoch, daß die Pelzdame Mme. Chauchat im »Zauberberg« so eindringlich mit dem schleichenden Pelztier assoziiert wird (vgl. Kapitel 5), so wirft das ein bezeichnendes Licht auf die Frauenfigur in der frühen Erzählung. Folglich sind alle drei Fetische der »Venus im Pelz« in der Friedemann-Novelle nachweisbar; der Erzähler deutet sie knapp an.

Wesentlich eindeutiger kommt die Affinität zwischen Thomas Manns Erzählungen und Sacher-Masochs Text in der *Physiognomie* der Frauenfiguren zum Vorschein. Mit naturalistischer Detailtreue beschreibt der Erzähler *Frisur* und *Hautfarbe* Gerdas:

»Unter dem kleinen, runden Strohhut mit braunem Lederbande

quoll das rotblonde Haar hervor, das über die Ohren frisiert war und als ein dicker Knoten tief in den Nacken fiel. Die Hautfarbe ihres ovalen Gesichtes war mattweiß, und in den Winkeln ihrer ungewöhnlich nahe beieinanderliegenden braunen Augen lagerten bläuliche Schatten« (*SE*, 67).

Von Anna Rainer heißt es im »Bajazzo«:

»Sie war brünett und schlank. Auf ihrem Haar, das überm Nakken zu einem festen Knoten gewunden war und das sich ganz leicht und lose um Stirn und Schläfen legte, so daß einzelne lichtbraune Fäden zu unterscheiden waren, saß ein runder, dunkelfarbiger Strohhut, geschmückt ausschließlich mit einem kleinen Arrangement von Bandwerk« (*SE*, 101).

Thomas Manns Frauenfiguren haben ihr »rotblonde[s]« oder »brünett[es]« Haar zu einem »dicke[n]« bzw. »festen Knoten« gebunden. Das verweist eindeutig auf Masochs Venus, die »das rote Haar« (*Venus*, 24) zu einem »großen Knoten« (*Venus*, 105) geflochten trägt.

Frauenhaare faszinieren Thomas Manns Erzähler ebenso wie zarte Frauenhaut. In der Erzählung »Gefallen« ist die Haut der weiblichen Hauptfigur von »zartblaue[m] Geäder« (*SE*, 11) gezeichnet, in der Erzählung »Luischen« heben sich »blaue Adern« (*SE*, 135) von Amra Jacobys Arm ab. Entsprechend zeichnet Masoch seine Figur: »[...] die Haut ist so unendlich zart, daß überall die blauen Adern durchschimmern« (*Venus*, 24).

Der Detailnaturalismus der bleich-durchsichtigen Haut ist ein typisches Zeichen der Dekadenz. Die Frauenfiguren wirken angegriffen, sie erscheinen morbid. Zweifellos ist damit ein Zeichen der erotischen Leidenschaft gesetzt.

Zum Motiv des schönen Frauenarms. Aspekte weiblicher Körpersprache

Mit der Verbindung physischer und psychischer Eigenschaften steht ein zentrales Motiv Thomas Manns zur Diskussion: *das Motiv des schönen Frauenarms.* Friedemann gerät beim Anblick von Arm und Hand der Angebeteten außer sich. Er kann sich daran nicht satt sehen: »Frau von Rinnlingen hatte von ihrem linken Arm, der auf dem roten Sammet der Brüstung lag, den Handschuh gestreift, und diesen runden, mattweißen Arm, der wie die schmucklose Hand von ganz blaßblauem Geäder durchzogen war, sah er immer; das war nicht zu ändern« (*SE*, 69).
Nicht nur Friedemann zieht eine Frauenhand gewaltig an. Von Thomas Manns erster Prosa-Skizze »Vision« bis zu den letzten Notizen im *Krull*-Roman ist davon die Rede. Der junge Selten aus der Erzählung »Gefallen« verliebt sich in einen »schmalen, weißen Arm, der weich und kühl sein mußte« (*SE*, 19). Den Bajazzo faszinieren die »schmalen, unbekleideten, mattweißen Hände« (*SE*, 101) von Anna Rainer. Tonio Kröger begehrt Inge Holm, als sie ihre Hand, »eine gar nicht besonders schmale, gar nicht besonders feine Kleinmädchenhand zum Hinterkopf führte« (*SE*, 221). Der Zauberberglehrling Hans Castorp wird von der Hand Mme Chauchats sehnsüchtig träumen. Und selbst der keusche Joseph macht die »Lilienarme« seiner Gebieterin zu seinem Thema.
Wofür steht die Detailbeschreibung der Hand? R. Baumgart erkennt ein erotisches Signal: »Segmentierung des Körpers, der isolierte Teil als Signal fürs Ganze –, schon daran erkennt man einen erotischen Tick, eine erotische Strategie.«[8] Eine »Strategie«, die an die »Mode der Zeit« erinnere, »die wenig Haut und Fleisch freilegte, nämlich nur Gesicht, Schultern, Hals, Hände und bestenfalls eben ein Fragment Arm. Figur und Körper ließen sich, üppig verhüllt, nur ahnen.«[9]
Die weibliche Figur verkörpere ein »Lock- und Drohwesen«[10],

eine erotische Kraft, die »in den Abgrund zieht«.[11] Offen bleibt die spezifische Art der Lockung und Drohung. Und: Für welches »Ganze« steht der »isolierte Teil« des Körpers, die Hand? Für welchen »erotischen Tick« hält sie her? Ist die Beschreibung der Hand wirklich nur eine »Mode der Zeit«?

Fragen über Fragen. Vor dem Hintergrund von Sacher-Masochs Roman bietet sich eine Antwort an. Sie läßt sich zur These formulieren, Thomas Manns konstantes Erzählmotiv der schönen Frauenhand sei im Thema der strafenden Hand der Venus vorgestaltet. Held Severin bekennt freimütig, was der Erzähler der Friedemann-Erzählung in Anspielungen erledigt:

»Welcher Genuß war es für mich, wenn ich, vor ihr auf den Knien liegend, ihre Hände küssen durfte, mit denen sie mich damals gezüchtigt hatte. Ach! was für wunderbare Hände! von so schöner Bildung, so fein und voll und weiß, und mit welch' allerliebsten Grübchen. Ich war eigentlich nur in diese Hände verliebt« (*Venus*, 43).

Einen Beleg für unsere These liefert der frühe Text »Vision«, der auf das »Formencrescendo« (*SE*, 6) eines nackten Frauenarms fixiert ist. Der Blick des Erzählers lastet »mit grausamer Wollust [...] auf der Hand, in der bebend der Kampf mit der Liebe, der Sieg der Liebe pulsiert...« (ebd.).

Selbst wenn das Motiv der Skizze aus Theodor Storms Gedicht »Frauenhand« oder aus dem Roman *Immensee* stammt[12], so kommt Masochs *Venus*-Roman ebenso als Textvorlage in Frage. Denn Severin bekennt seine »wollüstige Phantasie« (*Venus*, 136) für die strafende Hand, ganz so wie die »grausame Wollust« den Erzähler der »Vision« angestachelt hat.

Den Lock- und Drohgebärden weiblicher Hände steht die *Körpersprache der Lippen und Augenbrauen* zur Seite. Als Anna Rainer die Pferde ihres Jagdwagens bändigt, drückt sie die Zähne »energisch auf die Unterlippe« (*SE*, 101).

Von Gerda von Rinnlingen heißt es: »[...] sie schob unaufhörlich die Unterlippe vor und wieder zurück, indem sie sie an der Oberlippe scheuerte« (*SE*, 67). Dahinter verbirgt sich keinesfalls nervöses oder unsicheres Gehabe. Die Körpersprache verrät die Bereitschaft, einen anderen (zunächst durch Mißachtung) zu strafen. Im Stadttheater wirft Gerda ihrem Verehrer einen verächtlichen Blick zu:

»Sie blickte ihn [Friedemann, H. R.], während er sich setzte, eine Weile aufmerksam an, indem sie die Unterlippe vorschob, und wandte sich dann, um mit ihrem Gatten, der hinter ihr stand, ein paar Worte zu wechseln« (*SE*, 69).

Ähnlich spöttische Signale fängt Friedemann bei seinem Antrittsbesuch im Hause Rinnlingen auf:

»Sie hielt ihre seltsamen Augen forschend auf ihn gerichtet und schob wie gewöhnlich die Unterlippe vor« (*SE*, 74).

Lässig, lasziv und kalt baut sie sich vor Friedemann an dessen Todesabend auf:

»Sie saß ein wenig in das gelbseidene Kissen zurückgelehnt, einen Fuß über den anderen gestellt, und rauchte langsam eine Zigarette, wobei sie den Rauch durch die Nase ausatmete und die Unterlippe vorschob« (*SE*, 79).

Severins Situation und die Drohgebärden der Venus sind fast identisch:

»Sie nahm Platz und weidete sich an meiner Angst – denn ich fürchtete mich jetzt, bei hellem Tageslichte, noch mehr vor ihr – ein reizender Hohn zuckte um ihre Oberlippe« (*Venus*, 25).

Und:

»Sie zuckte verächtlich mit der Unterlippe und sah mich mit halbgeschlossenen Lidern spöttisch an« (*Venus*, 51).

Drohungen gehen auch von weiblichen Augenbrauen aus. Masochs Wanda, die »orientalische Despotin« (*Venus*, 75) »drohte mit dem Finger und zog die Brauen zusammen« (*Venus*, 28). Thomas Manns Amra Jacoby, die »Sultanin« (*SE*, 132) aus »Luischen« »[erhob] ihre hübschen Brauen ganz waagerecht in die fast rührend schmale Stirn« (*SE*, 132).

In der Friedemann-Erzählung taucht das *Motiv der Heimsuchung* auf. Das Motiv beschäftigt Thomas Mann bis zu seiner letzten Erzählung: »Die Betrogene«. Der *Autor* bezeichnet es als »Grundmotiv« seines Gesamtwerks. Der »Einbruch der Leidenschaft« vernichte in der frühen Erzählung das »behütete Leben« des »stillen Helden« (XIII/135). Diese Aussagen wird der *Erzähler* des Josephromans wortgetreu übernehmen.
Friedemanns Heimsuchung wirkt wie eine Droge. Sie erscheint als »Zustand von Schwindel, Trunkenheit, Sehnsucht und Qual« (*SE*, 70). Ein »seltsamer, süßlich beizender Zorn« steigt in ihm auf, als er nach vergeblicher Gegenwehr von Gerda »bezwungen und gedemütigt« (ebd.) wird.
Wie beantwortet die Forschung die Frage nach den literarischen Quellen des Heimsuchungstraumas?
Stellvertretend formuliert Baumgart:
»Und offen ist immer noch die Frage nach der Herkunft des Heimsuchungstraumas, nach der Urszene hinter und vor allen diesen grellen, düsteren, fahlen und bunten Feuerwerken des Erzählens.«[13]
Ganz so »offen« scheint die Frage nach der »Urszene« nicht mehr zu sein, wenn man sie auf dem Hintergrund der *Venus im Pelz* projiziert. Masochs Venus stellt ihrem verzweifelten Liebhaber die folgende Diagnose:
»›Sie sehen die Liebe und vor allem das Weib‹, begann sie, ›als etwas Feindseliges an, etwas, wogegen Sie sich, wenn auch vergebens, wehren, dessen Gewalt Sie aber als eine süße Qual, eine prickelnde Grausamkeit fühlen; eine echt moderne Anschauung‹« (*Venus*, 25).
Severin und Friedemann haben einen charakterlichen Grundzug gemeinsam: Der in ihnen ausbrechende Konflikt zwischen der Abwehr gegen und dem Verlangen nach einer feindseligen Liebe ist konstitutionell in ihnen angelegt. Der Konflikt erscheint bei

Severin als »süße Qual«, bei Friedemann als »Qual« oder »süßlich beizender Zorn«. Um das noch genauer zu belegen, führen wir drei weitere Textpassagen Sacher-Masochs an:

1. »Aber ich empfinde, wie ihre außerordentliche, wahrhaft göttliche Schönheit allmählich magische Schlingen um mich legt. Es ist auch keine Neigung des Gemütes, die in mir entsteht, es ist eine physische Unterwerfung, langsam, aber um so vollständiger« (*Venus*, 31).

2. »Es ist eine süße, wehmütige, geheimnisvolle Gewalt, die uns treibt, und wir hören auf zu denken, zu empfinden, zu wollen, wir lassen uns von ihr treiben und fragen nicht wohin?« (*Venus*, 65).

3. »[...] denn es war nicht mein Wille, es zwang mich eine magnetische Gewalt [...]« (*Venus*, 106).

Eine Reihe von Textstellen aus der Friedemann-Erzählung drücken einen solchen Gemütszustand ähnlich aus. Die »magnetischen Schlingen« Severins empfindet Friedemann als »ohnmächtigen, wollüstigen Haß« (*SE*, 71), als »süßen Schrecken« (*SE*, 73), als »schlimme[n] Anfall« (*SE*, 72). Er ist »ganz in einem abwesenden, exaltierten Zustand befangen« (*SE*, 73). Und: »Wie ein kurzer Schauer aber durchrieselte ihn wieder jene ohnmächtige, süßlich peinigende Wut...« (*SE*, 75). Das ist jene »süße, wehmütige, geheimnisvolle Gewalt«, von der Severin berichtet (vgl. oben Textstelle 2). Auch Friedemann ergreift eine »Gewalt«, eine »furchtbare, unwiderstehliche Gewalt« (*SE*, 77). »Gehorsam« folgt er »der überstarken, peinigend süßen Macht, der man nicht zu entgehen vermag« (ebd.). So hätte er die Worte Severins (»es war nicht mein Wille, es zwang mich eine magnetische Gewalt«; Textstelle 3) ebenso formulieren können. Hält man die ausgewählten Textstellen Sacher-Masochs und Thomas Manns nebeneinander, so sind Verwechslungen nicht ausgeschlossen. Es ist schwer auseinanderzuhalten, wer jeweils spricht. Ist es Severin oder Friedemann?

Die vorgestellten wörtlichen Übereinstimmungen der existentialen Erschütterungen der Helden unterstützen die These, Thomas Mann habe in der »Venus im Pelz« ein literarisches Modell für diesen Konflikt gehabt. Damit soll keinesfalls dem Ergebnis der Forschung widersprochen werden, der einundzwanzigjährige Autor folge dem Widerspiel der beiden Seelen- und Kunstmächte in Nietzsches *Geburt der Tragödie*, dem Formprinzip des »Apollinischen« und dem Rauschprinzip des »Dionysischen«. Bei der Auseinandersetzung mit Friedemanns kräftiger Gefühlsströmung haben offenbar zwei Referenten Schützenhilfe geleistet: Nietzsche *und* Sacher-Masoch.

Zum Thema der gleichgültigen Ruhe der Natur

In Nietzsches *Geburt der Tragödie* (1871) ist das Dionysische eine grausame Macht, eine Naturgewalt, die das Werk menschlichen Strebens beiläufig wegfegt. In Sacher-Masochs Roman *Venus im Pelz* (1869) trifft man *das Thema der gleichgültigen Grausamkeit der Natur* an. Spielt dieses Thema auch in der Friedemann-Erzählung eine Rolle? Friedemanns Gefühle beim Anblick der *Natur* entsprechen denen Severins. Dazu muß man wissen: beide Liebhaber ziehen sich an einen Fluß zurück, nachdem sie von ihren Schönen tief gekränkt wurden. Beide lassen dabei ihr Leben Revue passieren. Friedemann »[durchzitterte] seine ganze zärtliche Liebe zum Leben [...] und die tiefe Sehnsucht nach seinem verlorenen Glück« (*SE*, 77). Die Natur weckt in ihm eine schmerzvolle Erinnerung an glückliche Tage. Dieser Schmerz des Glücks wird auf die Natur zurückprojiziert:

»Aber dann blickte er um sich in die schweigende, unendlich gleichgültige Ruhe der Natur, sah, wie der Fluß in der Sonne seines Weges zog, wie das Gras sich zitternd bewegte und die Blumen dastanden, wo sie erblüht waren, um dann zu welken und zu verwehen, sah, wie alles, alles mit dieser stummen Ergebenheit dem Dasein sich beugte [...]« (*SE*, 77).

Auch Severin assoziiert durch das Naturerlebnis Sternstunden und Schmerzen seiner Lebensgeschichte. Was Thomas Manns Erzähler durch die Kunst der Andeutung so einfühlsam beschreibt, das Werden und Vergehen von Schönheit, drückt die mögliche Text-Vorlage in Klischeebildern aus. Hier beschwört der Ich-Erzähler die kranke Mutter, den Bruder, »der voll Ansprüche auf Genuß und Glück in der Blüte seiner Jugend starb, ohne nur seine Lippen an den Becher des Lebens gesetzt zu haben«, die Amme, die »Spielgenossen« der Kindheit, »welche die kalte, tote, gleichgültige Erde deckt«, und zuletzt noch den »Turteltäuber, der nicht selten mir, statt seinem Weibchen, gurrend Verbeugungen machte – alles Staub zum Staube zurückgekehrt« (*Venus*, 123 f.).
Die Friedemann-Erzählung kommt ohne Klischees aus. Das Grundthema behält sie bei: Naturerlebnis und Lebensrückschau werden verknüpft. Dafür spricht die Identität des Adjektivs »gleichgültig«. Sacher-Masoch thematisiert »die kalte, tote, gleichgültige Erde« (*Venus*, 124); Thomas Manns Erzähler betont »die schweigende, unendlich gleichgültige Ruhe der Natur« (*SE*, 77). So erscheint Natur dem als gleichgültige und teilnahmslose Starre, der mit dem Anspruch auf (erotische) Glückserfüllung abgeschlossen hat. Die »gleichgültige« Ruhe der Natur signalisiert Grausamkeit und Kälte gegenüber dem menschlichen Schicksal. Friedemann verzweifelt daran:
»Es richtete ihn zugrunde, das fühlte er. Aber wozu noch kämpfen und sich quälen? Mochte alles seinen Lauf nehmen! Mochte er seinen Weg weitergehen und die Augen schließen vor dem gähnenden Abgrund dort hinten, gehorsam dem Schicksal, gehorsam der überstarken, peinigend süßen Macht, der man nicht zu entgehen vermag« (*SE*, 77).

Zum Motiv des Zitterns

Im Zusammenhang mit jener willensmäßig nicht beherrschbaren Macht, die Friedemann überwältigt, arbeitet die Forschung das *Motiv des Zitterns* heraus. Es wird, wie G. Kluge zeigt, »zum Leitmotiv aller Berührungen Friedemanns mit der Sphäre Gerda von Rinnlingens«.[14] Und es ist ein sinnfälliges Zeichen für Friedemanns »Unterlegenheit« und für Gerdas »Überlegenheit«.[15] Das Motiv des Zitterns erscheint als »kommunikatives Bindeglied«[16] zwischen den Hauptfiguren.

Friedemanns Körper vibriert bei starken emotionalen Erlebnissen. Bei der Aufführung von Trauerspielen im Theater gerät »sein ganzer kleiner Körper ins Zittern« (*SE*, 64). Ahnungsvoll projiziert der Held sein Zittern auf den demütigenden Blick der Frau. Er grübelt, ob »ihre seltsamen braunen Augen nicht förmlich« bei seinem Anblick »vor Freude gezittert« (*SE*, 71) hätten. Derartiges wird wiederholt. Friedemann fühlt sich bei seiner Sonntagsvisite im Hause Rinnlingen dem »unheimlichen Zittern« (*SE*, 75) jener Frauenaugen ausgesetzt. Schließlich ist von einer »zitternden Grausamkeit« (*SE*, 76) des Frauenblicks die Rede.

Auch das Motiv des Zitterns zeigt Thomas Manns Spiel mit Sacher-Masochs Thematik. So fragt die Pelzdame: »›Was hast du? du zitterst?‹« (*Venus*, 59). Und als Severin den Vertrag seiner Unterwerfung unterschreiben soll, bescheinigt ihm Wanda: »›Du hast gezittert‹« (*Venus*, 88). So wie Severin die Knie und andere Gliedmaßen zittern (ebd., 105, 111, 124), leidet und vibriert auch die Pelzdame. Wiederholt »zittert [sie] am ganzen Leibe« (*Venus*, 125; vgl. 120). Zitterpartien verbinden Severin und Wanda – Friedemann und Gerda.

Das Zittermotiv vereint zwei andere Motivgruppen, die antithetisch gestaltet sind: *die Motive von Licht und Schatten*. Die Friedemann-Figur steht im Zusammenhang mit einem »Schattenmotiv«.[17] Das offenbart seine innere Welt. Entsagungsvoll

schottet er sich von den elementaren Erlebnissen der äußeren Welt ab. In schöngeistiger Sublimierung verzichtet der Held auf das Leben in seiner Gesamtheit. Schon als Kind sitzt er im »Schatten« (*SE*, 61) eines Walnußbaumes. Am dreißigsten Geburtstag hockt er im »grauen Gartenzelt« mit »einem guten Buche in der Hand«. Er ist abgeschirmt vom »blauen, sonnigen Himmel« (*SE*, 65).
Der zeichenhaften Bedeutung einer Existenz im Schatten des Lebens stehen die Farb- und Helligkeitswerte der weiblichen Figur gegenüber. Gerdas Gesichtsfarbe wird wiederholt »mattweiß« (*SE*, 67, 69) gezeichnet. Im Jagdwagen trägt sie eine »ganz helle Jacke« (*SE*, 67); in der Oper schmückt sie eine »helle Gesellschaftstoilette«, ihre »weißen Handschuhe reichten bis an den Ellenbogen« (*SE*, 69). In der Abendgesellschaft fällt ihre »helle, leichte Toilette« auf, »die ihren weißen Hals frei ließ« (*SE*, 78).
Einiges spricht dafür, Thomas Mann habe die antithetische Verwendung der Motivgruppen den Beschreibungen Sacher-Masochs entlehnt. Severin bevorzugt, bevor er seiner Venus begegnet, schattige Gartenplätze, z. B. eine »Gaisblattlaube« (*Venus*, 21). Wie Friedemann ist er hier in Lektüre vertieft:
»Oft liege ich, wenn die Sonne im Gehölze brütet, unter dem Laubdach einer jungen Buche und lese [...]« (*Venus*, 19).
Die Farbwerte der Venus stehen in einem augenfälligen Kontrast zu ihrem traurigen Gegenspieler. Wie Gerda von Rinnlingen erscheint die Venus als »weiße Frau« (*Venus*, 22). Sie stellt immer wieder ein »weißes Gewand« (ebd., 19, 21) zur Schau. Abwechselnd sieht man sie »im leichten, weißen Morgengewande« (ebd., 24), »im Negligé von weißer Mousseline und Spitzen« (*Venus*, 78), in »weiße[m] Atlasrock« (ebd., 81; vgl. 85, 97 usw.) und, zu allem Überfluß, ist auf einem Ölportrait »das Haar weiß gepudert« (ebd., 97).

Friedemann baut sich eine selbstgenügsame ästhetische Existenz im Schatten des Lebens auf: gute Lektüre, gute Zigarren, Violinenspiel, Theaterbesuche. Er kultiviert ein Genußleben. Seine schöpferischen Leistungen bleiben auf zaghafte Versuche der Reproduktion bzw. Rezeption von anerkannten Kunstwerken beschränkt. Friedemann ist der *Typus eines Dilettanten.*

Weitaus konsequenter findet man einen derartigen Typus in der Erzählung »Der Bajazzo«. Auch diese Titelfigur füllt sein Tagwerk mit Lektüre, Theater und Konzert aus. Der Held empfindet sein Verhältnis zur Gesellschaft wie ein Künstler, seine Fähigkeit reicht allerdings nicht zur fiktiven Objektivation der eigenen Gefühle aus.[18]

Es würde den Rahmen der Untersuchung sprengen, die Dilettantismus-Thematik umfassend zu referieren. Nur soviel: Die Forschung siedelt den *modernen* Dilettantismus in der französischen, deutschen und skandinavischen Literatur der achtziger und neunziger Jahre des 19. Jahrhunderts an. Autoren wie Bourget, Huysmans, Barrès, Heinrich Mann, Dörmann, Martens, Hofmannsthal oder Knut Hamsun spielen eine entscheidende Rolle. Wiederholt wird auf Friedrich Nietzsche verwiesen, der den Dilettanten als unsicher tastenden Intellektuellen definiert hatte. Die Ergebnisse der zahlreichen Analysen[19] sollen nicht in Frage gestellt werden. Dennoch übersehen sie übereinstimmend einen zentralen Punkt: Sacher-Masochs Roman *Venus im Pelz* stattet bereits 1869 seinen Helden mit Elementen aus, die das Grunderlebnis vieler repräsentativer Figuren der Fin de siècle-Literatur bestimmen; Severin tituliert sich wiederholt als einen »Dilettanten«. Auf dem Hintergrund der geleisteten Forschung ist es sicher stichhaltig, daß Thomas Manns Typus des Dilettanten an den genannten Texten von Bourget bis Nietzsche orientiert ist. Lassen sich darüber hinaus inhaltliche und strukturelle Übernahmen aus Masochs Roman belegen?

Der Ausgangspunkt des Bajazzo ist mit der Situation Severins identisch. Beide Helden sind soziale Außenseiter. Durch die Niederschrift einer Biographie wollen sie ihr verpfuschtes Leben ordnen. Die Ich-Erzähler legen Tagebücher an; »eine kleine Handschrift« (*Venus*, 16) oder »dies reinliche Heft« (*SE*, 83). Sie sind von dem Wunsch hin- und hergerissen, sowohl die Kunst als auch das Leben unter Erfolgskontrolle zu bringen. Sie scheitern in beiden Bereichen; überall spielen sie nur die Rolle des Zaungastes. Selbstquälerisch[20] stellen sie ihr Straucheln zur Schau. Um das zunächst für Masochs Held zu illustrieren, stellen wir den Anfang seiner Tagebuchnotizen ungekürzt voran:
»Träge schleichen die Tage in dem kleinen Karpatenbade dahin. Man sieht niemand und wird von niemand gesehen. Es ist langweilig zum Idyllenschreiben. Ich hätte hier Muße, eine Galerie von Gemälden zu liefern, ein Theater für eine ganze Saison mit neuen Stücken, ein Dutzend Virtuosen mit Konzerten, Trios und Duos zu versorgen, aber – was spreche ich da – ich tue am Ende doch nicht viel mehr, als die Leinwand aufspannen, die Bogen zurechtglätten, die Notenblätter liniieren, denn ich bin – ach! nur keine falsche Scham, Freund Severin, lüge andere an; aber es gelingt dir nicht mehr recht, dich selbst anzulügen – also ich bin nichts weiter, als ein Dilettant; ein Dilettant in der Malerei, in der Poesie, der Musik und noch in einigen anderen jener sogenannten brotlosen Künste, welche ihren Meistern heutzutage das Einkommen eines Ministers, ja eines kleinen Potentanten sichern, und vor allem bin ich ein Dilettant im Leben.
Ich habe bis jetzt gelebt, wie ich gemalt und gedichtet habe, das heißt, ich bin nie weit über die Grundierung, den Plan, den ersten Akt, die erste Strophe gekommen. Es gibt einmal solche Menschen, die alles anfangen und doch nie mit etwas zu Ende kommen, und ein solcher Mensch bin ich« (*Venus*, 17 f.).
Hat Thomas Mann den Erzählausschnitt als Steinbruch für seine Zwecke benutzt? Um das herauszufinden, analysieren wir Severins Notizen Schritt für Schritt.

Sacher-Masoch:
»Träge schleichen die Tage in dem kleinen Karpatenbade dahin.«
Thomas Mann beschreibt die Stadt, in der sich der Bajazzo niederläßt, wie folgt:
»Es ist eine ansehnliche Stadt, noch ohne allzu lärmenden Großstadttrubel und allzu anstößiges Geschäftstreiben, mit einigen ziemlich beträchtlichen alten Plätzen andererseits und einem Straßenleben, das weder der Lebhaftigkeit noch zum Teile der Eleganz entbehrt. Die Umgebung besitzt mancherlei angenehme Punkte; aber ich habe stets die geschmackvoll angelegte Promenade bevorzugt, die sich auf dem ›Lerchenberge‹ hinzieht, einem schmalen und langgestreckten Hügel, an den ein großer Teil der Stadt sich lehnt und von dem man einen weiten Ausblick über Häuser, Kirchen und den weich geschlängelten Fluß hinweg ins Freie genießt. An einigen Punkten, und besonders, wenn an schönen Sommernachmittagen eine Militärkapelle konzertiert und Equipagen und Spaziergänger sich hin und her bewegen, wird man dort an den Pincio erinnert« (*SE*, 94).
Beide Helden leben in einem mittelgroßen Kurort. Sie halten sich vorwiegend in den eigenen vier Wänden auf und thematisieren ihre Langeweile. Sacher-Masoch:
»Man sieht niemand und wird von niemand gesehen. Es ist langweilig zum Idyllenschreiben.«
Thomas Mann:
»Die Tage aber verstrichen, und es wurden Wochen und Monate daraus, – Langeweile? Ich gebe zu: es ist nicht immer ein Buch zur Hand, das eine Reihe von Stunden den Inhalt verschaffen könnte; übrigens hast du ohne jedes Glück versucht, auf dem Klavier zu phantasieren, du sitzest am Fenster, rauchst Zigaretten, und unwiderstehlich beschleicht dich ein Gefühl der Abneigung von aller Welt und dir selbst; [...]« (*SE*, 95).
Severin und der Bajazzo versuchen, ihre Langeweile durch künstlerische Tätigkeiten in den verschiedensten Bereichen zu

vertreiben. Allein es bleibt bei hilflosen Anläufen, die Ich-Bezogenheit zu durchbrechen. Sacher-Masoch:

»Ich hätte hier Muße, eine Galerie von Gemälden zu liefern, ein Theater für eine ganze Saison mit neuen Stücken, ein Dutzend Virtuosen mit Konzerten, Trios und Duos zu versorgen, aber – was spreche ich da – ich tue am Ende doch nicht viel mehr, als die Leinwand aufspannen, die Bogen zurechtglätten, die Notenblätter liniieren, denn ich bin – ach! nur keine falsche Scham, Freund Severin, lüge andere an; aber es gelingt dir nicht mehr recht, dich selbst anzulügen – also ich bin nichts weiter, als ein Dilettant; ein Dilettant in der Malerei, in der Poesie, der Musik und noch in einigen anderen jener sogenannten brotlosen Künste, [...].«

Thomas Mann:

»[...] ich las, musizierte, unterhielt mich manchmal sogar mit einer Art von Zeichenkunst oder schrieb mit Sorgfalt einen Brief« (*SE*, 95).

Der Orientierungspunkt beider Protagonisten ist ein anerkannter Künstler. Masochs Held bewundert jene »Meister«, denen ihre Künste »heutzutage das Einkommen eines Ministers, ja eines kleinen Potentanten sichern«. Der Bajazzo schaut nach ideellen Fleischtöpfen. Er will »den Ruhm, die Anerkennung, das Lob, den Neid, die Liebe« (*SE*, 98).

Der Blick der Dilettanten auf gesellschaftlich anerkannte Genies darf nicht mit der Mentalität von Neidhammeln verwechselt werden. Nichts wäre verkehrter als das. Die Helden antworten auf ihre Selbstentfremdung. Resignativ stellen sie fest, daß ästhetische Aktivität keine sinnvolle Lebensgestaltung eröffnet. Daraus folgt ihre Selbstanklage. Sacher-Masoch:

»[...] und vor allem bin ich ein Dilettant im Leben.

Ich habe bis jetzt gelebt, wie ich gemalt und gedichtet habe, das heißt, ich bin nie weit über die Grundierung, den Plan, den ersten Akt, die erste Strophe gekommen. Es gibt einmal solche Menschen, die alles anfangen und doch nie mit etwas zu Ende kommen, und ein solcher Mensch bin ich.«

Severins Erkenntnis, »nie weit über die Grundierung« hinausgekommen zu sein, spricht in Thomas Manns Text der Vater des Bajazzos aus. Er prophezeit seinem Sohn schon im frühen Lebensalter: »›Du wirst im Leben niemals an die Oberfläche gelangen‹« (*SE*, 87). Mit dieser aggressiven Warnung identifiziert sich der Bajazzo. Er formuliert die erzwungene Einsicht, einen »ausgemacht unnützlichen Menschen« (*SE*, 92) abzugeben.

Vergleichen wir das noch einmal: Im ersten Textbeispiel ist die Figur nie über die »Grundierung« gekommen, im zweiten Textbeispiel ist sie nie »an die Oberfläche« gelangt. Handelt es sich um eine konstruierte Gemeinsamkeit? Auf der Wortbedeutungsebene treffen die Bestimmungen zusammen. Eine Zufallsanalogie scheint ausgeschlossen.

Selbstdarstellung und Selbstkritik des Bajazzo treten unverhüllt in dem wiederholt ausgesprochenen »Ekel« (*SE*, 83; 110) vor dem eigenen Leben zutage. In der Forschung führt P. Pütz die Rede vom Lebens- und Erkenntnisekel auf Nietzsche zurück:

»Es ist bekannt, daß das Wort ›Erkenntnisekel‹ teilweise wörtlich und ganz dem Sinne nach auf Nietzsche zurückgeht. Der ›Ekel‹, an dem auch der Bajazzo in Thomas Manns gleichnamiger Erzählung (1897) leidet, war für Nietzsche ein Antrieb zur Überwindung und Erneuerung.«[21]

Die literarische Verarbeitung von Sinnangeboten in der Nachfolge Nietzsches ist unabweisbar. Mit Sicherheit hat Thomas Mann Nietzsches entsprechende Textstellen gekannt. Dennoch ist das Paradigma des Lebensekels bereits vorher durch Sacher-Masoch entwickelt worden. Vielleicht ist dem Autor des »Bajazzo« der Terminus »Ekel« bereits hier begegnet. Wenn es nämlich richtig sein sollte, Thomas Mann habe die »Venus im Pelz« als Vor-Text benutzt, dann spricht einiges dafür, er habe auch andere Erzählungen aus Masochs Hauptzyklus *Das Vermächtnis Kains* gekannt. Ohne dezidiert auf diesen Zyklus einzugehen, sei nur auf eine Passage aus der Erzählung »Der Wanderer« hingewiesen. Der auktoriale Erzählkommentar führt aus:

»[…] jener, der nicht arbeitet und sich dessen freut, ist doch zuletzt der Betrogene, denn über ihn kommt jene nagende Unzufriedenheit, welche gerade in den Palästen der Vornehmen und Reichen am meisten zu Hause ist, *jener tiefe Ekel am Leben*, dem die qualvollste Todesangst beigesellt ist.«[22]
Mit diesem erzählten Modell sind wesentliche Elemente der Prosa Thomas Manns getroffen: Lebensekel und Todesangst. Im *Zauberberg* wird sich das formelhaft zusammenfinden.
Lebensekel, Todesfurcht und -sehnsucht, Selbstqual und Verzweiflung – derartige Konfliktpotentiale sind im Bajazzo ebenso angelegt wie in Friedemann. Das treibt die Helden dazu, bei fremden Autoritäten Unterschlupf zu suchen. Diese kommen in weiblicher Gestalt daher: Pelzdamen.

Zur Erzähltechnik der stillstehenden Bewegung

Thomas Manns Frauenportraits, so ist wiederholt festgestellt worden, wirken »wie Stilleben, ohne ein erkennbares Eigenleben«.[23] In der »Technik der Momentaufnahme«[24] erscheinen »Schönschriftporträts«[25], »Bildidole«[26]. Gerda von Rinnlingen »bleibt merkwürdig schematisch und formelhaft«[27]. Und: »Mit der Detailtreue eines realistischen Porträtmalers beschreibt er [der Erzähler, H. R.] Kleidung, Hut, Frisur, Gesichtsschnitt, Hautfarbe.«[28]
Die Theater-Szene gibt Gerdas Ausstattung in verewigender Perspektive wieder. Die Figur »[wird] gerade in dem Augenblick zu einem höchst sinnlichen Leben erweckt, wo sie zum Bildnis zu erstarren droht«[29].
»Sie trug eine helle Gesellschaftstoilette und war, als die einzige der anwesenden Damen, sogar ein wenig dekolletiert. Ihre Ärmel waren sehr weit und bauschig, und die weißen Handschuhe reichten bis an die Ellenbogen. Ihre Gestalt hatte heute etwas Üppiges, was neulich, als sie die weite Jacke trug, nicht bemerk-

bar gewesen war; ihr Busen hob und senkte sich voll und langsam, und der Knoten des rotblonden Haares fiel tief und schwer in den Nacken« (*SE*, 69).

Das Geschehen kulminiert im Stillstand der Bewegungen, in der detaillierten Beschreibung von Kleidung, Gestalt und Haartracht.

Vergleicht man die Ergebnisse der Thomas-Mann-Forschung mit Studien über Sacher-Masochs Roman, so fällt eine Gemeinsamkeit auf: die *Erzähltechnik der stillstehenden Bewegung*. Gilles Deleuze sieht in Masoch den Ahnvater dieser Technik: »Ohne Übertreibung läßt sich sagen, daß Masoch den Roman mit der Kunst der stillstehenden Bewegung (suspense) um eine erzählerische Technik reinsten Wassers bereichert hat.«[30] Sacher-Masoch, so Deleuze, spiele »in einer Art erstarrter Kaskade die gleichen Szenen auf verschiedenen Ebenen immer wieder durch«, er fixiere Posen zu »›photographischen‹ Szenen«, zu »gebrochenen und erstarrten Bilder[n]«.[31] Monika Treuts Auslegung schließt daran an. Masochs Phantasie sei eine »Phantasie des Schwebens, der Erstarrung, der Erwartung, des Aufschubs«.[32] »Es ist ein Erlebnis gleichsam ›photographischer‹ Szenen der erstarrten Bewegung.«[33] Die Struktur dieser Zeiterfahrung, in der »Veränderung und Stillstand, Spannung und Aufschub zusammenfallen«[34], habe in Theodor Reiks Studie über den Masochismus einen treffenden Ausdruck erlangt: »Suspense«.[35]

Sicher sind Reiks Ausführungen über »Masochismus und Gesellschaft«[36] für die Psychoanalyse von Bedeutung. Sie kennzeichnen den masochistischen Spannungsablauf des Aufschubs und des Wartens auf die Strafe. Innerhalb unserer Fragestellung nach der Konkordanz zwischen narrativen Texten spielen sie eine untergeordnete Rolle. Dennoch bringt der psychoanalytische Argumentationsschritt einiges für die Beurteilung der Erzählstruktur ein. Deleuze verbindet mit Reiks Ausdruck »suspense« eine These über die Rezeptionshaltung des Lesers: »Und in der Tat ist

festzustellen, daß die Technik des ›suspense‹ den Leser auf die Seite des Opfers zieht, ihn zur Identifizierung mit dem Opfer zwingt«.[37]
Eben das läßt sich auch über den Leser der Friedemann-Erzählung sagen. Für jenen »Leser«, von dem beispielsweise H. Lehnert ausführt, daß er sich »so angelegentlich mit Friedemann beschäftigte«[38]. Was für den Leser zutrifft, ist auch hinsichtlich des Autors feststellbar. Thomas Mann, so R. Vaget, gestaltet seine Außenseiter-Figur »mit Sympathie«[39]. Die Sympathie des Erzählers deckt sich mit der des Lesers. Das gilt vom ersten Satz der Erzählung an, in dem von einem Fremdverschulden an Friedemanns Los die Rede ist (»Die Amme hatte die Schuld«, *SE*, 60) bis zum Schlußakkord, in dem der Tod des Helden vom grausamen Lachen (»durch die lange Allee herunter klang gedämpftes Lachen«, *SE*, 82) des bürgerlichen Salons begleitet wird.
Die Technik der stillstehenden Bewegung wird auch für die Beschreibung von *Bildern, Farben und Dekors* benutzt. Als Friedemann das Haus Rinnlingen besucht, geht von den Dekors die Atmosphäre erstarrter Bewegung aus. Im Halbdunkel erwartet der ängstliche Held das Auftreten seines Frauenideals:
»Er sah sich in einem ziemlich großen, halbdunklen Gemach; die Fenster waren verhängt. Rechts stand ein Flügel, und in der Mitte um den runden Tisch gruppierten sich Lehnsessel in brauner Seide. Über dem Sofa an der linken Seitenwand hing eine Landschaft in schwerem Goldrahmen. Auch die Tapete war dunkel. Hinten im Erker standen Palmen.
Eine Minute verging, bis Frau von Rinnlingen rechts die Portiere auseinanderschlug und ihm auf dem dicken braunen Teppich lautlos entgegenkam. Sie trug ein ganz einfach gearbeitetes, rot und schwarz gewürfeltes Kleid. Vom Erker her fiel eine Lichtsäule, in welcher der Staub tanzte, gerade auf ihr schweres, rotes Haar, so daß es einen Augenblick goldig aufleuchtete. Sie hielt ihre seltsamen Augen forschend auf ihn gerichtet und schob wie gewöhnlich die Unterlippe vor« (*SE*, 73 f.).

Das erstarrte, lasterhaft-schwüle Bild einer Rotlichtkulisse erscheint erneut an Friedemanns Todesabend:

»Im Hintergrunde des Zimmers aber, auf der Ottomane, neben der die niedrige, rotverhüllte Lampe stand, saß im Gespräch mit dem jungen Fräulein Stephens Gerda von Rinnlingen« (*SE*, 79).

Man trifft eine derartige Kulissenwelt im Werk Thomas Manns immer wieder an: in frühen Erzählungen, im *Zauberberg* oder im *Krull*-Roman. In der Erzählung »Luischen« beratschlagt Amra Jacoby in ihrem Salon den Plan zur Demütigung ihres Gatten:

»Acht Tage bereits, nachdem Amra ihren Entschluß gefaßt hatte, war dieses Komitee, um Rats zu pflegen, in der Kaiserstraße versammelt, und zwar in Amra's Salon, einem kleinen, warmen und vollen Raum, der mit einem dicken Teppich, einer Ottomane nebst vielen Kissen, einer Fächerpalme, englischen Ledersesseln und einem Mahagonitisch mit geschweiften Beinen ausgestattet war, auf dem eine Plüschdecke und mehrere Prachtwerke lagen. Auch ein Kamin war vorhanden, der noch ein wenig geheizt war; auf der schwarzen Steinplatte standen einige Teller mit feinbelegtem Butterbrot, Gläser und zwei Karaffen mit Sherry. – Amra lehnte, einen Fuß leicht über den andern gestellt, in den Kissen der Ottomane, die von der Fächerpalme beschattet ward, und war schön wie eine warme Nacht. Eine Bluse aus heller und ganz leichter Seide umhüllte ihre Büste [...]« (*SE*, 137f.).

Ambiente und Atmosphäre sind in Sacher-Masochs Roman vorgeformt. Dessen Dekors-Bilder stimmen wörtlich mit Thomas Manns Prosa überein.

In ihrer florentinischen Villa rekelt sich die Venus auf dem gleichen Möbelstück wie Thomas Manns Frauenfiguren: auf einer Ottomane. Die Ottomane ist erkennbares Zeichen überlegener Machtausübung, zugleich der Ort ersehnter (allerdings unerfüllbarer) Paarung. Aber nicht nur das. Der Leser blickt hier ebenfalls auf verhangene Räume, rotes Licht, schwere Teppiche, Sei-

denausstattung und Palmen. Dafür bieten sich zwei ausgewählte Zitate an:
»Leise öffnend, schlage ich die Portière zurück. Wanda liegt auf der Ottomane, sie scheint mich nicht zu bemerken. Wie schön ist sie in dem Kleide von silbergrauer Seide, das sich verräterisch an ihre herrlichen Formen anschließt und ihre wunderbare Büste und ihre Arme unverhüllt läßt. Ihr Haar ist mit einem schwarzen Sammetbande durchschlungen und aufgebunden. Im Kamin lodert ein mächtiges Feuer, die Ampel wirft ihr rotes Licht, das ganze Zimmer schwimmt im Blut« (*Venus*, 131).
Und:
»Das Badezimmer bestand aus einer weiten und hohen Rotunde, welche ihr weiches, ruhiges Licht von oben durch die rote Glaskuppel bekam. Zwei Palmen breiteten ihre großen Blätter als grünes Dach über ein Ruhebett aus roten, sammetnen Polstern, von dem mit türkischen Teppichen belegte Stufen in das weite Marmorbassin hinabführten, welches die Mitte einnahm.« (*Venus*, 105)
Das Frauenbild und die Dekors erscheinen ebenso kühl und umrißscharf wie in Thomas Manns Erzählungen. Die Bezugsflächen zwischen den Texten sind unmittelbar einsichtig.

Zum Statuen- und Bildfetischismus

Hinsichtlich Masochs Roman merkt Deleuze an, die Venus nehme »starre Posen« an, »welche sie einer Statue, einem Porträt, einer Photographie gleichen lassen«.[40]
Über die Bedeutung von *Statuen und Photographien* lassen sich im Werk Thomas Manns reizvolle Kombinationen anstellen. So betont E. Heftrich, die Haltung Gerdas verweise auf eine »Sphinx«.[41]
Damit ergibt sich ein erneuter Zusammenhang zwischen Severin und Friedemann. Beide sind auf ein starres Frauenbild fixiert.

Die schönen Frauen zeigen sich als Figuren aus Stein, als Statuen und als Sphinx. Da für beide Liebhaber die Einbildung einer Statue den Platz eines Menschen als Liebesobjekt einnimmt, sprechen wir von *Statuenfetischismus*. Der Statuenfetischist meidet den lebenden, warmen, gesunden Menschen. Alles Kranke und Leidende zieht ihn magnetisch an. Derartige Symptome verbinden sich bei Thomas Mann mit der Chiffre des Todes. Anhand des Romans *Der Zauberberg* läßt sich das besonders deutlich aufzeigen (vgl. Kap. 5.4).
Statuenfetischismus und Todessymbolik hängen in einer »Geschichte voller Rätsel« zusammen: »Der Kleiderschrank« (erschienen 1899). Die Beziehung des Helden Albrecht van der Qualen zu einem nackten Mädchen, zu einer »Gestalt« (*SE*, 125) in einem Kleiderschrank, drückt mehr als eine symbolische »Beziehung zu Leiden und Tod«[42] aus. Dieser Albrecht kommt, wie die Namensgebung ausdrückt, von den Qualen. Evident verweist sein Name auf besondere Kennzeichen, auf Ambitionen, die in Masochs Held angelegt sind: die Selbstqualen. Selbst wenn es zutrifft, daß Nietzsche, Schopenhauer und E. T. A. Hoffmann im Tornister Thomas Manns verpackt sind[43], so lösen sich die gestellten Rätsel der Geschichte mit Hilfe des Romans *Venus im Pelz* noch eindeutiger auf. Die verdrängte Erotik van der Qualens kann sich einer Frau nur über den Umweg einer Statue nähern. Immer dann, wenn er sich an der schönen Nackten »vergaß« (*SE*, 126), hört sie auf zu erzählen. Stumm und teilnahmslos läßt sie alles geschehen. Von einer Frauengestalt, die nicht einmal durch Abwehr eine Beziehung zu ihm aufnimmt, ist auch eine Liebeserfahrung Severins bestimmt. Er findet seine Freude an einer »Statue aus Gips«, deren »schönen kalten Leib« (*Venus*, 40) er wiederholt umschließt.
Schließlich erscheint Gustav von Aschenbach in der Novelle »Der Tod in Venedig« sein schöner Knabe in der Gestalt einer Statue. Tadzio »erinnerte an griechische Bildwerke aus edelster Zeit« (*SE*, 373). M. Dierks hat diesen Sachverhalt auf Wilhelm

Jensens Erzählung »Gradiva« zurückgeführt.[44] Er thematisiert den Grundkonflikt Aschenbachs als Sexualverdrängung, die mit der Liebe zu einer Statue in Verbindung steht. Unberücksichtigt bleibt dabei allerdings, daß Thomas Mann schon vor der Venedig-Novelle und vor der Rezeption von Jensens »Gradiva« (erschienen 1903) antike Statuen erotisch auflädt. Die frühen Erzählungen stehen dafür. Unabhängig davon können wir Dierks' Befund übernehmen, Thomas Mann habe sich an dem Grundthema der Sexualverdrängung durch Statuenfixierung orientiert. Denn dieses Grundthema ist ja ebenso in *Venus im Pelz* angeschnitten.

Neben dem Statuenfetischismus findet man in Masochs Roman wiederholt Anzeichen für einen *Bildfetischismus*. Severins Phantasie entzündet sich an dem Wunsch, die Angebetete als ästhetisches Objekt zu verewigen. An zahlreichen Stellen des Romans erscheint sie in Gemälden und Plastiken der antiken Liebesgöttin Venus / Aphrodite. Bevor der Held sich Wanda nähert, erwirbt er ein Bild seines Ideals, eine »Photographie der ›Venus mit dem Spiegel‹« (*Venus*, 20) von Titian. Sehnsüchtig himmelt er das Abbild an, er widmet ihm Gedichte und Sinnsprüche.

Von derartigen Verlangen liest man ebenso in Thomas Manns früher Erzählung »Gefallen«. Der junge Held Selten ersteht vor der ersten Begegnung mit seiner großen Liebe ihr Bild. Schmachtend blickt er es an:

»Er wollte nur immer so vor ihrem Bilde, das er sich längst gekauft, müde weiterdämmern, in Tränen und Liebe« (*SE*, 11).

»Und dann küßte er stumm ihr Bild [...]« (*SE*, 13).

Diesen eingetretenen Spuren des Bildfetischismus wird Hans Castorp folgen.

Ist Gerda von Rinnlingen eine femme fatale?

Es bleibt zu fragen, welche Variante der *femme fatale* in der Friedemann-Erzählung zu finden ist. Hat man es bei Gerda von Rinnlingen mit einer bedrohlichen Verführerin zu tun, die mit elementarer Gewalt in das stille Leben des Mannes einbricht und seine Lebenskräfte gierig aussaugt? Richtet sie »mit kalter Grausamkeit den armen Herrn Friedemann zugrunde, indem sie ihn anlockt und dann von sich stößt«[45]? Wird Friedemann von einer Sadistin[46] bis in den Selbstmord gequält? Treibt ihn Gerda mit Bedacht in den Tod[47]? Ist der Auffassung zuzustimmen, Friedemann könne »seinen philosophischen Entschluß, auf alles Liebesglück zu verzichten, angesichts der schönen Gerda von Rinnlingen schließlich doch nicht einhalten«[48]?
Oder überträgt Friedemann seine psychischen Dispositionen auf Gerda? Verlangt er gar nach einer strafenden Aktrice? Ist Thomas Manns Frauenfigur mit Sacher-Masochs Wanda zu vergleichen? Gibt es Anzeichen dafür, daß beide Frauen auf Liebhaber mit einem substantiellen Bedürfnis nach Unterwerfung treffen?
Um den Fragenkomplex aufzulösen, verfolgen wir Friedemanns und Severins Lebensgeschichte unter besonderer Berücksichtigung ihrer erkennbaren Bereitschaft zum Leiden. Von einer eigentümlichen Wohltat bei Schmerz und Verzicht wird bereits in Friedemanns Jugend erzählt. Nach herber Enttäuschung mit einer frühen Liebe beschließt der sechzehnjährige Johannes, sich für immer von der Liebe zum anderen Geschlecht zu verabschieden. Dieser Entschluß stürzt ihn keinesfalls in Tristesse; im Gegenteil: »Der Entschluß tat ihm wohl« (*SE*, 62). Eine Leidensstation durchlebt Friedemann, nun einundzwanzigjährig, beim Tod seiner Mutter. Den »großen Schmerz [...], den er sich lange bewahrte«, stellt der Erzähler als genußvolles Leiden dar:
»Er genoß ihn, diesen Schmerz, er gab sich ihm hin, wie man sich einem großen Glücke hingibt, er pflegte ihn mit tausend Kind-

heitserinnerungen und beutete ihn aus als sein erstes starkes Erlebnis« (*SE*, 63).

Hypochondrisch horcht Friedemann fortan in sein Seelenleben hinein:

»Er nahm alle seine Empfindungen und Stimmungen bereitwilligst auf und pflegte sie, die trüben so gut wie die heiteren: auch die unerfüllten Wünsche, – die *Sehnsucht*« (*SE*, 63).

Ja, er liebt diese Sehnsucht »um ihrer selbst willen und sagte sich, daß mit der Erfüllung das Beste vorbei sein würde« (ebd.). Passive Kontemplation, das »süße, schmerzliche, vage Sehnen und Hoffen«, erscheint ihm »genußreicher als alle Erfüllungen« (*SE*, 63f.).

Im Verzicht auf die vitalen Lebenszüge findet Friedemann im jungen Helden Severin einen eifrigen Mitstreiter. Auch er begeistert sich einseitig für ein illusionäres Stützkorsett seiner ängstlichen Existenz. Wie eine drohende Widrigkeit erscheint ihm der Eintritt einer Frau aus Fleisch und Blut in seine stillen Lektüreerlebnisse:

»Die Urbilder alles Schönen senkten sich tief in meine Seele, und so zeigte ich zu jener Zeit, wo andere Knaben sich roh und unflätig gebärden, einen unüberwindlichen Abscheu gegen alles Niedere, Gemeine, Unschöne.

Als etwas ganz besonders Niederes und Unschönes erschien jedoch dem reifenden Jüngling die Liebe zum Weibe, so wie sie sich ihm zuerst in ihrer vollen Gewöhnlichkeit zeigte. Ich mied jede Berührung mit dem schönen Geschlechte, kurz, ich war übersinnlich bis zur Verrücktheit« (*Venus*, 40).

Der übersinnliche Genießer[49] verdrängt seine Scheu vor den Frauen durch ästhetizistische Lebensführung, die nur die Sehnsucht kennt, nur die Sehnsucht nach einem Unerreichbaren. Ebenso wie Friedemann betätschelt er dieses Verlangen.

Eines unterscheidet jedoch die beiden Helden. Friedemann bekennt sich nicht zu den autodestruktiven Energien. Der Erzähler und sein Held liegen mit einer solchen Anerkennung im Zweifel;

beide haben offenbar viel zu verbergen. Die Erzählfigur hadert daran, ihre Ambitionen einzugestehen. Hier liegt die zentrale Differenz zum Helden in Sacher-Masochs Text. Severin hat sein coming-out geschafft. Er steht zu seinen Anlagen und bringt sie schließlich in ein rituelles Vertragsverhältnis ein. Friedemann spricht sein Leiden nicht aus. Um so haltloser treibt er dem *endgültigen* Untergang entgegen. Das unglückliche Bewußtsein bleibt beim Selbstgefühl bzw. bei der Selbstbeobachtung stehen. Als sich Friedemann Gerda doch anvertrauen möchte (»›Sie wissen es ja...‹«; *SE*, 82), schleudert sie ihn wie einen Hund zu Boden. In letzter Sekunde entscheidet sich die Frau für die bürgerliche Konvention. Friedemann ist ein solcher Rückzug abgeschnitten, er geht daran zugrunde.

Innerhalb dieses Bezugssystems überzeugt Thomas Manns bekannte Selbstdeutung der Erzählung nur vorläufig. Der Autor behauptet, es handele sich bei Friedemann um »den Einbruch der Leidenschaft in dieses behütete Leben, die den ganzen Bau umstürzt und den stillen Helden selbst vernichtet« (XIII/135). Aber der stille Held führte kein behütetes Leben. Der *Erzähler* zeigt ja gerade – im Unterschied zum Autor – eine kontinuierlich-zitternde Brüchigkeit seiner Figur. Die asketischen Ideale der Lebensführung erweisen sich nicht als Trugschluß, sie sind es von Beginn an. Die Leidenschaft bricht keineswegs eruptiv in ein behütetes Leben ein, eher erscheint der erzählte Lebenslauf als ein durchgängig gebeutelter. Das Genußverlangen des »stillen Helden« ist alles andere als wirklich still; unter der Oberfläche der Stille tobt das unbezwingbare Gewitter der Triebstruktur. Die nach außen gespielte Ausgeglichenheit entspricht nicht der inneren. Friedemann vermag seinem Genuß im Leiden kein selbstanalytisches Regulativ entgegenzusetzen. Er ist bereits das Opfer seiner nicht greifbaren Selbstqual, lange bevor Gerda von Rinnlingen erscheint. Friedemann sehnt sich nach Passionserfüllung.

Gerda von Rinnlingen durchbricht *für* Friedemann – und *gegen* ihn – die Abwehr seiner auferlegten Selbstdisziplin. In dieser eigentümlichen Dialektik vereinigen sich die weibliche und die männliche Hauptfigur. Sie stehen nicht als Gegenspieler da, vielmehr als Verwandte im Geiste der Leidenschaft und des Leidens. Eben das gibt der Erzähler zu erkennen, indem er Gerda als Figur zeichnet, die krank und unverstanden zugleich ist (vgl. *SE*, 74). Sie selbst soll sich so sehen, sie versteht sich »ein wenig auf das Unglück« (*SE*, 81). Ihr Leiden korrespondiert mit den verborgenen Wünschen des reizsüchtigen Helden, seiner geheimen Lust am Untergang. Gerda ist für Friedemann Wunschbild und Schreckbild zugleich. Der opferbereite Held sucht eine mitspielende Täterin.

Vom Heimsuchungstrauma erfüllt, fühlt *er* sich verlangend zum Hause Rinnlingen hingezogen. Er möchte jener Frau wiederbegegnen, die mit der Peitsche auf ihn wies.

Innerhalb unserer Analyse von Sacher-Masochs Roman (vgl. 2.5, 2.6) konnte aufgezeigt werden, daß Severin eine Frauennatur ausbildet, von der er geknechtet sein will. Der Held formt sich eine autoritäre Frau, von der er annimmt, sie habe die Disposition zu einer Domina. Nach der ersten Prügelorgie gesteht dann auch die Venus ihrem Liebhaber: »›Du hast gefährliche Elemente in meiner Natur geweckt‹« (*Venus*, 53). Es scheint, als habe auch Friedemann derartige Energien in Gerda geweckt. Ihre Einladung zum Fest und zum Gartenspaziergang stehen dafür. Ihre entscheidende Frage lautet: »›Seit wann haben Sie Ihr Gebrechen, Herr Friedemann?‹« (*SE*, 81). Ganz offensichtlich wird das Leiden akzeptiert und Absolution in Aussicht gestellt. Diese Aussicht steigert der Erzähler in Gerdas Worten, in denen sie ihre Geistesverwandtschaft mit Friedemann ausspricht:

»›Ich verstehe mich ein wenig auf das Unglück‹, sagte sie dann. ›Solche Sommernächte am Wasser sind das beste dafür‹« (ebd.).

Es folgt eine abermalige Steigerung. Der Held gibt zu, ertappt *und* verstanden worden zu sein: Er »wies mit einer schwachen

Gebärde hinüber nach dem jenseitigen Ufer, das friedlich im Dunkel lag. ›Dort habe ich neulich gesessen‹, sagte er. ›Als Sie von mir kamen?‹ fragte sie. Er nickte nur. Dann aber bebte er plötzlich auf seinem Sitz in die Höhe, schluchzte auf, stieß einen Laut aus, einen Klagelaut, der doch zugleich etwas Erlösendes hatte, und sank langsam vor ihr zu Boden« (ebd., 81 f.).

Daran schließt sich der Höhepunkt des Geschehens an. Der Erzähler legt es nahe, Gerda als Exekutantin zu sehen:

»Sie wehrte ihm nicht, sie beugte sich auch nicht zu ihm nieder. Sie saß *hoch aufgerichtet*, ein wenig von ihm zurückgelehnt, und ihre kleinen, nahe beieinanderliegenden Augen, in denen sich der feuchte Schimmer des Wassers zu spiegeln schien, blickten starr und gespannt gradeaus, über ihn fort, ins Weite« (*SE*, 82; Hervorhebung H. R.).

Anhand dieses Zitates ist Thomas Manns nachschaffende Orientierung an Sacher-Masochs wörtlich belegbar. Die gebietende Körperhaltung Gerdas drückt es aus. Sie sitzt bezeichnenderweise »hoch aufgerichtet« (ebd.). Dieses sinnfällige Zeichen wird von der Venus wiederholt bei rituellen Züchtigungen *vor*gespielt. »Hoch aufgerichtet« (*Venus*, 89; vgl. 109) führt die Domina ihre Bestrafungen aus. Dabei stößt sie »ein kurzes Lachen aus« (*Venus*, 90). Ein derartiges Mienenspiel zeigt auch Thomas Manns Frauenfigur, die »mit einem kurzen, stolzen, verächtlichen Lachen« Friedemann »vollends zu Boden geschleudert [hatte]« (*SE*, 82).

Als Friedemann vor Gerda von Rinnlingen sein Knie beugt, bleibt ihre Zustimmung aus. Sie weist ihn ab. Durch diese Abweisung wird sie zu einer grausamen Frau, zu einer *femme fatale*. Auf der bisherigen Erzählstrecke hatte sie Friedemann wiederholt in der Illusion bestärkt, ihm eine Verwandte im Geiste zu sein. In buchstäblich letzter Minute will sie das nicht mehr wahrhaben. Sie verweigert ihm – sans merci – ihr Einverständnis. Das, und nur das, macht sie zu einer bösen Frau. Sie handelt ebenso erbarmungslos wie die Venus Masochs auf ihrer dritten

Entwicklungsstufe. Aus einer Laune heraus wird Gerda zur Tyrannin.

»Und dann, plötzlich, mit einem Ruck, mit einem kurzen, stolzen, verächtlichen Lachen hatte sie ihre Hände seinen heißen Fingern entrissen, hatte ihn am Arm gepackt, ihn seitwärts vollends zu Boden geschleudert, war aufgesprungen und in der Allee verschwunden« (*SE*, 82).

Entscheidend ist, daß Gerda Friedemann »plötzlich, mit einem Ruck« niederwirft. Erst dieser plötzliche Ruck vernichtet den stillen Helden und nicht der »Einbruch der Leidenschaft in dieses behütete Leben«, wie der Autor Thomas Mann interpretiert. Friedemanns Lebensgeschichte ist konstitutiv durch Leiden und Selbstqual geprägt.

Eine andere Selbstinterpretation des Autors Thomas Mann trifft jedoch zu. Über das Verhältnis Gerdas zu Johannes Friedemann schreibt er:

»Sie ist eine Leidende, eine problematische Natur, die in dem körperlich Mißgebildeten einen Leidensgenossen erkennt, im letzten Augenblick aber zu stolz ist, diese Zusammengehörigkeit wahrhaben zu wollen.«[50]

Der Autor erkennt also – im Einklang mit seinem Erzähler –, daß Gerda erst im »letzten Augenblick« zu stolz ist, die »Zusammengehörigkeit« weiter mitzuspielen. Auf der vorherigen Erzählstrecke war sie die Leidensgenossin des Behinderten. Erst das Finale macht sie zur femme fatale in Gestalt eines Todesengels.

Vergleicht man diesen Sachverhalt mit den einleitend zitierten Positionen der Thomas-Mann-Forschung, so steht Gerdas Rolle als femme fatale in einem neuen Lichte da. Weder lockt die Frau ihren männlichen Gegenspieler an, noch treibt sie ihn mit Bedacht in den Tod. Ihr Entschluß fällt doch »plötzlich«[51] (*SE*, 82). Friedemanns Lebensgeschichte weist durchgängig ein substantielles Bedürfnis nach Unterwerfung auf. Er verlangt nach einer strafenden Aktrice. Einer solchen Rolle ist Gerda nicht gewach-

sen. In letzter Sekunde kündigt sie die Leidensverwandtschaft auf. Zusammenfassend können wir formulieren: Erst am Erzählschluß findet man eine bestimmte Variante der femme fatale vor, Gerda von Rinnlingen ist zur Tyrannin geworden.
Wie ein Riß durchzieht Friedemann das Wunschbild der Selbstqual und der Anspruch bürgerlicher Konvention, Haltung, Form und Würde zu bewahren. So nimmt der Erzähler einen Riß in die Schlußpassage auf und assoziiert seinen Helden mit einer Märchenfigur: Rumpelstilzchen. Der Kobold »riß sich selbst mitten entzwei«[52]; der kleine Herr Friedemann ist »mit einem Durst erfüllt [...], sich zu vernichten, sich in Stücke zu zerreißen, sich auszulöschen« (*SE*, 82).
Einen derartigen Riß verspüren Thomas Manns Figuren immer wieder – ob er nun tödlich oder nicht tödlich ausgeht. Unter wechselnden Vorzeichen der Geschlechts- und Rollenzuweisung wird das variiert. Gustav v. Aschenbach, Hans Castorp, die ägyptische Mut-em-enet, sie alle – und weit mehr Figuren mit ihnen – führen diesen Riß auf jeweils besondere Art vor; erst Felix Krull soll ihn in »Durchheiterung« zukitten.

5.
Mme. Clawdia Chauchat, die warme Katze. Zum Roman *Der Zauberberg*

Zur Bedeutungsvielfalt der Frauenfigur

Von keiner der zahlreichen Pelzdamen im Werk Thomas Manns wird mit einem so ausdauernden epischem Atem erzählt wie von jener Pelzdame, die auf dem »Zauberberg« logiert: Mme. Clawdia Chauchat. Sie ist der wahre Motor der Erzählung, denn sie gibt dem Erzähler das Lebenselexier des Erzählens ein. Aber nicht von ihrer Lebensgeschichte handelt der Roman. Einer These Hans Mayers zufolge wird Thomas Manns Frauenfigur »in die Funktion verdrängt, und damit dem eigenen Wirken in sich und für sich selbst entrissen. [...] sie steht in der Geschichte Hans Castorps, nicht in ihrer eigenen.«[1]

Hans Castorp, »ein einfacher junger Mensch« (III/11), will seinem Vetter Joachim Ziemßen einen dreiwöchigen Besuch in einem Sanatorium in Davos abstatten. Aus den geplanten drei Wochen werden sieben Jahre, denn Castorp fasziniert die Natur der Chauchat. Sie vor allem hält ihn im »Zauberberg« der Lungenheilstätte zurück. Gefühlsverwirrungen beherrschen den jungen Mann. Abstieg und Aufstieg, tiefste Erniedrigungen und höchste Liebesaugenblicke, Erfahrungen von Tod und Liebe, von Gesundheit und Krankheit, sind die Bewegungsbahnen, die der Zauberberglehrling durchläuft.

Ähnlich widersprüchlich ist die Chauchat-Figur gezeichnet. Sie ist vital und krank, einfühlungsfähig und abweisend, zärtlich und verantwortungslos. Bedeutungsvielfältig erscheint sie als

Botschafterin der Zügellosigkeit, der Formlosigkeit und des Todes, als eine zur Mutterschaft unfähige Frau, dann als »Bild des Lebens«, als Inkarnation von Weiblichkeit, – »die Figur wird wie alle, an denen Thomas Mann sich nicht satt sehen, erzählen kann, fast zerblendet in dieser Vielfalt der Transparenzen«.[2]
Über Clawdia Chauchat herrschen auf dem »Zauberberg« fast ebenso viele Meinungen wie Romanfiguren anzutreffen sind. Die Charakterisierungen erfolgen aus unterschiedlicher Perspektive. »In dieser Perspektivenskala werden immer andere Aspekte dieser Figur betont, so daß das Bild, das sich der Rezipient entwirft, zu einem sehr komplexen Gebilde wird.«[3]
Um nur einige Aussagen anzuführen: für den Sanatoriumsgast Fräulein Engelhart ist Mme Chauchat »eine entzückende Frau« (III/111); aus ihrer Perspektive werden alle Makel Clawdias in Vorzüge verwandelt. Der italienische Philosoph Settembrini ruft hingegen sämtliche Traditionen des Abendlandes gegen sie auf, sie verkörpere das »asiatische Prinzip« (III/221) des hemmungslosen Lasters und der Fleischeslust. Dieser negativen Wertung gibt der Hofrat Behrens eine ambivalente Wendung. Er nennt Chauchat eine »Schleicherin« (III/359), eine Katze; er betont ihre geheimnisvolle und unnahbare Seite. Die Perspektiven-Skala ließe sich fortsetzen. Nicht zu verkennen ist bereits durch unsere Auswahl, daß Chauchat als eine mehrdimensionale Figur erscheint. Sie wird weniger als ein Individuum charakterisiert; im Vordergrund steht ihre Repräsentanz für einen jeweils ganz bestimmten Typus. Als Personifikation und Typus, als Idealbild für seine (wechselnden) Projektionen, wird sie auch in der Geschichte Hans Castorps ihre Rollen übernehmen.
Der Meinungsvielfalt der Romanfiguren stehen die zahlreichen Interpretationen der Forschung zur Chauchat-Figur in nichts nach. Es herrschen höchst unterschiedliche Positionen vor. Einmal gilt Chauchat als »eine sehr reizvolle, liebenswerte, höchst lebendige Frau«[4]; für andere verweist sie auf der Ebene der Zeichen auf eine »Todesbotin«[5], oder sie fungiert als »instrumen-

tum diaboli«[6], als »femme fatale« und als »verderbliche Versuchung«[7]. Diese Interpretationsvielfalt darf jedoch nicht über ein Forschungsdefizit hinwegtäuschen, auf das B. Kristiansen verweist:

»Wer einen Überblick über die Forschungsliteratur zu *Der Zauberberg* hat, stellt mit Verwunderung fest, daß es kaum eine Arbeit gibt, die die Chauchat-Gestalt und ihre Funktion im Roman systematisch und erschöpfend behandelt. Die vorliegenden Deutungen beschränken sich im großen und ganzen auf Kommentare und verstreute Bemerkungen. Gemeinsam für diese ist, daß sie eher die Ohnmacht der Verfasser gegenüber dieser wichtigen Gestalt des Zauberberg-Romans verraten, als daß sie von wirklicher Einsicht in ihre Rolle im Roman zeugen.«[8]

Auch die folgenden Überlegungen zur Chauchat-Figur erheben nicht den Anspruch, den Roman »erschöpfend« zu behandeln. »Systematisch« sollen sie allerdings sein. Denn es wird systematisch untersucht, ob Thomas Mann auch im *Zauberberg* auf Sacher-Masochs Roman *Venus im Pelz* zurückgreift, um ihn für seine Zwecke zu nutzen. Am Anfang steht eine Analyse der Namensgebung: Mme Chauchat.

Zur Namensbedeutung: Chauchat

Chauchat heißt in der Übersetzung aus der französischen Sprache soviel wie »warme Katze«[9]. Dieses Pelztier signalisiert eine erotische Ausstrahlungskraft. Davon wußte Severin in Sacher-Masochs Roman detailliert zu berichten. Für ihn bedeutet die »warme Atmosphäre« des Pelzes Aufregung und Leidenschaft. Aufschlußreich äußert er sich darüber in einem Gespräch mit Wanda. Severin erklärt seine Vorliebe für den Pelz wie folgt:

»›Sie ist mir angeboren‹, erwiderte ich, ›ich zeigte sie schon als Kind. Übrigens übt Pelzwerk auf alle nervösen Naturen eine aufregende Wirkung, welche auf ebenso allgemeinen als natürlichen

Gesetzen beruht. Es ist ein physischer Reiz, welcher wenigstens ebenso seltsam prickelnd ist, und dem sich niemand ganz entziehen kann. Die Wissenschaft hat in neuester Zeit eine gewisse Verwandtschaft zwischen Elektrizität und Wärme nachgewiesen, verwandt sind ja jedenfalls ihre Wirkungen auf den menschlichen Organismus. Die heiße Zone erzeugt leidenschaftlichere Menschen, eine warme Atmosphäre Aufregung. Genauso die Elektrizität. Daher der hexenhaft wohltätige Einfluß, welchen die Gesellschaft von *Katzen* auf reizbare geistige Menschen übt und diese langgeschwänzten Grazien der Tierwelt, diese niedlichen, funkensprühenden, elektrischen Batterien zu den Lieblingen eines Mahomed, Kardinal Richelieu, Crebillon, Rousseau, Wieland, gemacht hat.‹

›Eine Frau, die also einen Pelz trägt‹, rief Wanda, ›ist also nichts anderes als eine große Katze, eine verstärkte elektrische Batterie?‹

›Gewiß‹, erwiderte ich, ›und so erkläre ich mir auch die symbolische Bedeutung, welche der Pelz als Attribut der Macht und Schönheit bekam. [...]‹

›Ich danke für die gelehrt erotische Abhandlung‹, sprach Wanda, ›aber Sie haben mir nicht alles gesagt, Sie verbinden noch etwas ganz Apartes mit dem Pelz.‹

›Allerdings‹, rief ich, ›ich habe Ihnen schon wiederholt gesagt, daß im Leiden ein seltsamer Reiz für mich liegt, daß nichts so sehr im Stand ist, meine Leidenschaft anzufachen als die Tyrannei, die Grausamkeit, und vor allem die Treulosigkeit eines schönen Weibes. Und dieses Weib, dieses seltsame Ideal aus der Ästhetik des Häßlichen, die Seele eines Nero im Leibe einer Phryne, kann ich mir nicht ohne Pelz denken‹« (*Venus*, 44 f.).

Die Katzen also, die kleinen wie ihre großen Ebenbilder, die Pelzdamen, üben einen »hexenhaft wohltätigen Einfluß« auf ihre Verehrer aus. Auf den ersten Blick erscheint das widersprüchlich, da sich allgemein ein hexenhafter und wohltätiger Einfluß gegenseitig ausschließen. Für Severin jedoch besteht der erotische Reiz gerade in der Hexenhaftigkeit. Nichts facht seine Leidenschaft so sehr an, »als die Tyrannei, die Grausamkeit, und vor allem die Treulosigkeit eines schönen Weibes« (*Venus*, 45). Auch Hans Castorps Leidenschaft entzündet sich (zumindest im ersten Buch des Romans) an der katzenhaft schleichenden Frau. Mme Chauchat weckt die Gefahren seines eigenen Charakters, durch ihre Zauberkraft gibt er seiner inneren Neigung zum Sich-gehen-Lassen freien Lauf. Mme Chauchat ist ebenso schön wie moribund. Sie bevorzugt Pelzwerk; mit ehelicher Treue nimmt sie es nicht so genau.

Eine weitere Traditionslinie des Namens der katzenhaften Frauenfigur ist in Freuds Schrift *Zur Einführung des Narzißmus* von 1914 zu sehen. Knapp fünfzig Jahre nach Sacher-Masochs Roman entwickelt Freud ein Bild der narzißtischen Frau:

»Solche Frauen lieben streng genommen, nur sich selbst mit ähnlicher Intensität, wie der Mann sie liebt. Ihr Bedürfnis geht auch nicht dahin zu lieben, sondern geliebt zu werden, und sie lassen sich den Mann gefallen, welcher diese Bedingung erfüllt. Die Bedeutung dieses Frauentypus für das Liebesleben der Menschen ist sehr hoch einzuschätzen. Solche Frauen üben den größten Reiz auf die Männer aus, nicht nur aus ästhetischen Gründen, weil sie gewöhnlich die schönsten sind, sondern auch infolge interessanter psychologischer Konstellationen.«[10]

Zur Erklärung dieser Konstellation greift Freud auf einen Vergleich zurück. Die Anziehungskraft besagter Frauen entspreche dem »Reiz gewisser Tiere, die sich um uns nicht zu kümmern scheinen, wie der Katzen und großen Raubtiere«[11]. Sie erscheinen ebenso selbstgenügsam wie unzugänglich. Eben diese (zur Schau gestellten) Tugenden der »Selbstgenügsamkeit und Unzugänglichkeit« der Frauen empfindet der leidende Mann bei sich als defizitär. Freud:

»Es ist so, als beneideten wir sie um die Erhaltung eines seligen psychischen Zustandes, einer unangreifbaren Libidoposition, die wir selbst seither aufgegeben haben. Dem großen Reiz des narzißtischen Weibes fehlt aber die Kehrseite nicht; ein guter Teil der Unbefriedigung des verliebten Mannes, der Zweifel an der Liebe des Weibes, der Klagen über die Rätsel im Wesen desselben hat in dieser Inkongruenz der Objektwahltypen seine Wurzel«.[12]

Derartige Zweifel sind sicher auch hinsichtlich der Chauchat-Figur angebracht. Im Laufe des Romans bummelt sie durch die Weltgeschichte, wechselnde Liebhaber halten sie aus. Aber davon mehr weiter unten. An dieser Stelle geht es um eine Annäherung an Thomas Manns verweisträchtige Namensgebung.

Freuds Vergleich des Weibes mit der Katze hebt die Aura der »Selbstgenügsamkeit und Unzugänglichkeit« hervor. Er betont die neidvolle Sehnsucht des Mannes, an einer »unangreifbaren Libidoposition« zu partizipieren. Auch die Gefühlsverwirrungen Castorps verlangen nach einem Orientierungspunkt. Zu Autoritäten, so weiß der Erzähler, empfindet »der junge Hans Castorp ein unruhiges Herzensbedürfnis« (III/209). In welchen Figuren die Autoritäten auch auftreten, in jedem Fall ist der junge Mann »willig, sich beeinflussen zu lassen« (III/214). Aus diesem Orientierungsvakuum und der Suche nach einem Halt ergibt sich seine potentielle Unterwerfungsbereitschaft. Castorp verkörpert die Unselbständigkeit des Bewußtseins, das nach Selbständigkeit verlangt. Die unnahbare, unzugängliche Mme Chauchat spielt ihm als schleichende Katze eine solche Selbständigkeit und »Selbstgenügsamkeit« vor. Selbstgenügsamkeit: sie scheint sich selbst genug, ohne auf andere verwiesen zu sein. Dabei entlockt sie Castorp seine innersten Neigungen und vorbewußten Wünsche, die sich erst im Traum ihre Bahn brechen können.

Castorps drei Versuche über Chauchats Hand

In der *ersten* Begegnung mit Mme Chauchat reißt Hans Castorp »seine blutüberfüllten Augen auf« (III/110) und läßt den Erzähler zu Worte kommen:

»Es war eine Dame, die da durch den Saal ging, eine Frau, ein junges Mädchen wohl eher, nur mittelgroß, in weißem Sweater und farbigem Rock, mit rötlichblondem Haar, das sie einfach in Zöpfen um den Kopf gelegt trug« (ebd.).

Was der junge Mann an dieser Dame zuerst bemerkt, ist von archetypischer Bedeutung. Es knüpft direkt an die Beobachtungen des kleinen Herrn Friedemann an. Beide Helden werden von den Händen ihrer Angebeteten magisch angezogen. Friedemann kann sich daran nicht satt sehen, und von Hans Castorp berichtet der allwissende Erzähler:

»Hans Castorp blickte auf diese Hand, – er hatte viel Sinn und kritische Aufmerksamkeit für Hände und war gewöhnt, auf diesen Körperteil zuerst, wenn er neue Bekanntschaften machte, sein Augenmerk zu richten« (ebd.).

Diese Hände waren nicht sonderlich gepflegt, »ihre Nägel wußten offenbar nichts von Maniküre« (ebd.). Bei dieser genauen Beschreibung rückt der Erzähler eine – ahnungsvolle – Distanz zwischen sich und den Helden:

»Übrigens erkannte Hans Castorp dies eher ahnungsweise, als daß er es eigentlich gesehen hätte, – die Entfernung war doch zu bedeutend« (ebd.).

Und er fährt mit einem Kommentar fort, der, wenn auch vermittelt, das Motiv der Heimsuchung aufgreift:

»Eine vage Erinnerung an irgend etwas und irgendwen berührte ihn leicht und vorübergehend, als er das sah…« (III/111).

Noch weiß Hans Castorp nicht, woran ihn diese Frau erinnert. Dazu bedarf es einer *zweiten* Begegnung. Sie findet im Traum statt; Castorp träumt »sogar zweimal« (III/131). Mme Chauchat reicht ihm die Hand zum Kusse –

»aber nicht den Handrücken reichte sie ihm, sondern das Innere, und Hans Castorp küßte sie in die Hand, in ihre unveredelte, ein wenig breite und kurzfingerige Hand mit der aufgerauhten Haut zu Seiten der Nägel« (ebd.).

Die Körpersprache ist unmißverständlich. Der Unterwürfige küßt bereitwillig die Hand der Herrin; er küßt das Innere der Hand, er frißt ihr geradezu aus der Hand. Der Innenhandkuß löst ein verdrängtes Gefühl aus:

»Da durchdrang ihn wieder von Kopf bis zu Fuß jenes Gefühl von wüster Süßigkeit, das in ihm aufgestiegen war, als er zur Probe sich des Druckes der Ehre ledig gefühlt und die bodenlosen Vorteile der Schande genossen hatte, – dies empfand er nun wieder in seinem Traum, nur ungeheuer viel stärker« (ebd.).

Der Trauminhalt unterscheidet sich vom Tageswissen. Seelisch nicht bewältigte Ängste treten auf. Der Traum holt alte Schuld aus dem Dunkel, er läßt sie den Träumer »ungeheuer viel stärker« erleben. Um die »Schande« zu beschwichtigen, wird ein Opfer gebracht: der Innenhandkuß. Diese Erniedrigung entspricht einer devoten Bitte um Ablaß.

Der Ablaß ist bekanntlich eine kirchliche Buße, der sich der Gläubige unterwirft, um den schrecklichen Strafen zu entgehen, die seine Sünden beim Jüngsten Gericht finden würden. Er kann als symbolischer Ersatz der eigentlichen Strafe bezeichnet werden. Gegenüber der Bestrafung, die Castorp für seine »bodenlosen Vorteile der Schande« befürchtet, erscheint seine Unterwerfungsgeste als Versuch, die Angst zu überwinden. Sie wird lustvoll (erotisch) erlebt – als »jenes Gefühl von wüster Süßigkeit« –, da sie einen Ablaß in Aussicht stellt.

Im Roman folgt ein *dritter* Versuch über Mme. Chauchats Hand. Neben dem Glück, daß Castorp beim Anblick der Hand empfindet, signalisiert dieser Körperteil etwas Bedrohliches:

»Es war beklemmend, die Hand so nahe vor Augen zu haben, – man mußte sie betrachten, ob man wollte oder nicht, sie studieren in allen Makeln und Menschlichkeiten, die ihr anhafteten, als habe man sie unter dem Vergrößerungsglas. Nein, sie hatte durchaus nichts Aristokratisches, diese zu gedrungene Schulmädchenhand mit den schlecht und recht beschnittenen Nägeln, – man war nicht einmal sicher, ob sie an den äußeren Fingergelenken ganz sauber war, und die Haut neben den Nägeln war zerbissen, das konnte gar keinem Zweifel unterliegen. Hans Castorps Mund verzog sich, aber seine Augen blieben haften an Madame Chauchats Hand, und eine halbe und unbestimmte Erinnerung ging ihm durch den Sinn [...]« (III/181 f.).

Emphatisch ruft er aus: »Mein Gott, das Leben war schön!« (ebd.). Aber Castorps Begeisterung wird vom Erzähler relativiert. Chauchat verstößt gegen alle Regeln der Konvention, affektgeladen wirft sie die Türen zu. Die Frau nimmt eine doppelte Funktion ein: sie ist das obskure Objekt der Begierde, deren Erfüllung sie zugleich versperrt; sie ist Verheißung und Verbot in einer Person. Sie ist ein Bild des Lebens, das ja laut Castorps Ausruf so »schön« war; und sie verkörpert Zuchtlosigkeit, Vagabondage, ungebundene Triebstruktur, kurz: sie verstößt gegen die Regeln gutbürgerlicher Umgangsformen (Türenschlagen). Castorp schwebt zwischen Schauer und Erregung, er richtet sich zwischen Angst und Lust ein.

Die Dialektik von Lust und Angst bringt schrittweise das Vor-Bewußtsein des Zauberberglehrlings ans Licht: Clawdia Chauchat erscheint ihrem Liebhaber in einem weiteren Traum, der den vorangegangenen auflöst. Sie erinnert den Träumenden an seine frühen Ambitionen zum Mitschüler Pribislav Hippe. Dieser Jüngling hatte die gleichen schmalen Augen, die gleichen ausgeprägten Backenknochen und die gleiche rauhe Stimme wie die zu Ausschweifungen neigende Frau. Von Hippe lieh Castorp auf dem Schulhof einen Bleistift aus. Mit dem Mechanismus des Stiftes hatte es eine eigentümliche Bewandtnis. Hippe »zog sein Crayon aus der Tasche, ein versilbertes Crayon mit einem Ring, den man aufwärts schieben mußte, damit der rot gefärbte Stift aus der Metallhülse wachse« (III/173).

Symbolträchtiger kann ein Bleistift kaum sein.[13] Es bedarf keines Verweises auf eine dahinterliegende Wirklichkeit, sie ist evident. Dieser Phallus / Bleistift wirkt (ungewollt) komisch auf den Leser. Auf Castorp wirkt er hingegen einzigartig belebend, denn

»vergnügter war Hans Castorp in seinem Leben nie gewesen, [...], da er mit Pribislav Hippe's Bleistift zeichnete, – [...] Er war so frei, den Bleistift etwas zuzuspitzen, und von den rot lackierten Schnitzeln, die abfielen, bewahrte er drei oder vier fast ein ganzes Jahr lang in einer inneren Schublade seines Pultes auf« (III / 173 f.).

Die Gefühle für Hippe sind die für Clawdia:

»Es war ganz Pribislav, wie er leibte und lebte. Ich hätte nicht gedacht, daß ich ihn je so deutlich wiedersehen würde. Wie merkwürdig ähnlich er ihr sah, – dieser hier oben! Darum also interessiere ich mich so für sie? Oder vielleicht auch: habe ich mich darum so für *ihn* interessiert?« (III / 174).

Die paradoxe Fragestellung unterstreicht die Aufhebung von Zeit und Raum für den Träumer. Das Zeitempfinden des Helden liegt im Widerstreit mit der Kalenderzeit. Anfang und Ende sind aus der Bahn geraten wie Ursache und Wirkung. Die Verdrängung ist bereits in Castorps Schulzeit geschehen, die höhere Region des Zauberbergs fördert die verdrängten Erlebnisse des Flachlandes zutage. Kindheitserinnerungen und frühe Gefühle wollen wiederkehren. Kräftige Gefühlsströme sorgen für das erneute Erwachen der verdrängten Erotik. In Traumwelten tastet Castorp nach Details: nach Clawdias Hand und Hippes Bleistift. Bevor es in der »Walpurgisnacht« zu einer Begegnung mit Chauchat kommt, nähert sich der Held einem weiteren Detail: einem Ölportrait der Frau. Auf die Handerotik folgt die sinnliche Aufladung eines Bildes: Bilderotik.

Castorps Bild- und Statuenfetischismus

Im Kapitel »Humaniora« besichtigen Hans Castorp und sein Vetter Joachim Ziemßen die Ölbilder von Hofrat Behrens. Castorp hatte bereits vorher erfahren, daß sich ein Portrait Mme Chauchats in der Sammlung befindet. Hier liegt der eigentliche Grund seines Besuches. Allein das will und kann er nicht spontan zu erkennen geben. In der ihm typischen Gemütsverfassung zwischen Lust und Angst, zwischen Faszination und Abwehr, umkreist er das Frauenbild. Zwar ist das Portrait ein »ziemlich pfuscherhaftes Produkt, als Bildnis seinem Gegenstand nur weitläufig verwandt«, doch »Hans Castorp nahm es mit der Ähnlichkeit nicht weiter genau, die Beziehungen dieser Leinwand zu Frau Chauchats Person waren ihm eng genug, das Bild *sollte* Frau Chauchat darstellen« (III/358f.). Castorp genügt die Beziehung »dieser Leinwand zu Frau Chauchat«, um »bewegt« zu wiederholen: »›Wie sie leibt und lebt!‹« (ebd.).
Bereits diese erste Annäherung verdeutlicht, wie sehr der nervöse Held das Bild über den Abbildcharakter hinaus in magischer Weise verehrt. Die vom Erzähler kursiv gesetzte Bestimmung, »das Bild *sollte* Frau Chauchat darstellen«, verweist auf eine eigentümliche Beziehung zwischen Bild und Modell. Das Bild wird nicht um seiner selbst willen betrachtet; es weckt die Lustphantasien eines Voyeurs. Es *soll* für die gemalte Person stehen, ist aber eindeutig etwas anderes und ist als Kunstwerk eben ein »pfuscherhaftes Produkt«. So wird das Bild *für Castorp* zu einem Projektionspunkt seiner heimlichen Begierden, zu einem Kultobjekt, dem *er* lebendige Kraft zuteilt. Mit diesem Prozeß ist die Urform des Fetischismus beschrieben. Denn im gleichen Sinne verehrt der Fetischanbeter animistische Objekte, eine Holzfigur oder einen Stein. Er mißt toten Dingen einen kultischen Wert bei; er betrachtet den Fetisch wie ein lebendes Wesen. So scheint es keinesfalls weit dahergeholt anzunehmen, Castorp erhebe das Chauchat-Portrait zum Fetisch. Dabei spielen gewisse Körper-

teile eine kaum zu unterschätzende Rolle. Castorps erotische Ambitionen für die Hand sind bekannt, fortan gelten sie der gemalten Körperhaut.

Behrens hatte Chauchats Haut »enorm anschaulich« gemalt, er hatte ihr »eine Art von wissenschaftlicher Realität und lebendiger Genauigkeit zu verleihen gewußt« (III/360). Freilich führt Hans Castorp, wie in der Forschung wiederholt erkannt wird, »kein wissenschaftliches Interesse«[14] ins Haus des Hofrats, ihn bewegt einzig das Ölportrait der geliebten Person. Das wissenschaftliche Interesse liegt allein beim malenden Arzt. Behrens bezieht Kunst und Wissenschaft aufeinander und gibt über die Vorgehensweise seiner Malerei Auskunft:

»›Es ist eben gut und kann gar nicht schaden, wenn man auch unter der Epidermis ein bißchen Bescheid weiß und mitmalen kann, was nicht zu sehen ist, – mit anderen Worten: wenn man zur Natur noch in einem andern Verhältnis steht als bloß dem lyrischen, wollen wir mal sagen; wenn man zum Beispiel im Nebenamt Arzt ist, Physiolog, Anatom und von den Dessous auch noch so seine stillen Kenntnisse hat, – [...]‹« (III/361).

Daß der Arzt die anatomischen Besonderheiten des Körpers mit »den Dessous« vergleicht, ist mehr als ein joviales Wortspiel. Offensichtlich hat er die geheimen Wünsche Castorps erkannt. So nimmt er die Rolle eines advocatus diaboli ein. Als ein solcher lenkt er die weitere Aufmerksamkeit auf »die Schleim- und Hornschichten der Oberhaut«, auf »Salbendrüsen und Schweißdrüsen«, auf »Blutgefäße und Wärzchen« (ebd.). Und Hans Castorp war – wie der Erzähler beobachtet – »Feuer und Flamme für dies Gespräch« (ebd.). Diese flammende Begeisterung hört so schnell nicht auf. Sie richtet sich in der Folge auf Behrens' Ausführungen über die Sekretionen des Körpers, über »Lymphdrüsen«, »gelegen am Halse, in der Achselhöhle, den Ellbogengelenken, der Kniekehle und an ähnlich intimen und zärtlichen Körperstellen« (III/370).

Alle diese Körperteile sind in der ärztlichen Praxis nicht nur von physiologischer Bedeutung, sie sind als Fetische bekannt. Und so führt der Hofrat Hans Castorp an der Nase entlang, wie es Mephisto mit dem fahrenden Scholar gemacht hatte. Er gibt sich als Anatom aus, erzählt von wissenschaftlichen Befunden, zugleich spielt er auf die damit zusammenhängenden Formen des Fetischismus (Achselhöhlenfetischismus, Sekretionsfetischismus etc.) an. Dieser Mephisto weiß, womit er seinen Zuhörer fesseln kann. Alles erhält zusätzlich einen schlüpfrigen Sinn.[15] Das wurde ja bereits einleitend deutlich, als Behrens über die Produktionsbedingungen des Portraits reflektierte und die anatomischen Details als »Dessous« ausgab. Hans Castorp gibt sich keinesfalls mit der bloßen Anschauung des Portraits zufrieden. Er nimmt es von der Wand ab und trägt es »bei Fuß« (III/364). Mit dieser Formulierung verweist der Erzähler auf einen Sprachgebrauch zwischen Herr und Hund. Castorp zeigt hündische Ergebenheit vor seinem Bildfetisch. Um Verwechselungen auszuschließen: er ist dem Bild bei Fuß. Wenig später wird er es an sich nehmen und es »auf sein Knie gestellt« (III/366) betrachten. Der Voyeur belagert seinen Fetisch, neugierig, unterwürfig und zärtlich.

»Wie der Fetischist, so bleibt auch der Voyeur gern anonym.«[16] Diese Aussage des Sexualwissenschaftlers Ernst Bornemann bezeichnet nicht nur den Wunsch des Voyeurs, beim Anblick eines reizvollen Gegenstandes (oder einer reizauslösenden Handlung) nicht gesehen zu werden. Sie verweist ebenso auf den Wunsch des Voyeurs, der geliebte Mensch möge anonym bleiben, er möge »kein Gesicht, keine Individualität«[17] haben. Vergegenwärtigt man sich diese Zusammenhänge, so spricht einiges dafür, auch der Hofrat Behrens sei darüber bestens informiert. Denn der mephistophelisch fragende Arzt führt Castorps Interessebekundungen für Portraitmalerei auf das Gebiet der antiken Skulpturen. Und er entlockt seinem Schüler zielsicher dessen Wunschvorstellung von der anonymen Kopf- und Gesichtslosigkeit griechischer Plastiken. Der folgende Dialog erweist das. Behrens: »›Dann

müßten Sie sich aber eigentlich nicht so sehr für Malerei interessieren, als in erster Linie für Skulptur...‹« (III/363).
Und Hans Castorp bekennt:
»›Sicher, so eine griechische Venus oder so ein Athlet, da zeigt sich das Humanistische zweifellos am deutlichsten, es ist wohl im Grunde das Wahre, die eigentlich humanistische Art von Kunst, wenn man es sich überlegt‹« (III/364).
Mit der Verbindung Venus/Athlet verrät Castorp noch einmal seine androgynen Ambitionen; Chauchat und Hippe werden zusammen gesehen. Aber nicht nur das. Was ihn besonders einnimmt, ist nicht der Geist des Humanismus, sondern das Profane, der Körper:
»›Die griechischen Plastiker kümmerten sich aber nicht viel um den Kopf, es kam ihnen auf den Körper an, das war vielleicht gerade das Humanistische...‹« (ebd.).
Castorp ist auf den Körper von Statuen fixiert, er schätzt die griechischen Plastiker, da sie sich »nicht viel um den Kopf [kümmerten]«.
Der Hofrat Behrens weiß mehr als ein Fachmann für Lungenheilkunde. Er kann, über seine Rolle als Arzt und über die Figur des Mephisto hinaus, mit dem fragenden Sokrates assoziiert werden, der seine Gesprächspartner durch maieutische Kunst von bislang verborgenen Erkenntnissen entbindet. Schrittweise enttarnt er Castorps vorgebliche Interessen für Malerei als verborgene Gelüste eines anonymen Voyeurs und Fetischisten. Und er verbindet das Verwiesensein seines Patienten auf leblose Gemälde und Plastiken mit einem Vortrag über die Rätsel der Schöpfung, bis er bei der Totenstarre anlangt. Eben das löst beim Gegenüber wahre Begeisterung aus:
»›Ja so, die Totenstarre‹, sagte Hans Castorp munter. ›Sehr gut, sehr gut. Und dann kommt die Generalanalyse, die Anatomie des Grabes‹« (III/371).
Derartig nekrophilen Neigungen widerspricht Behrens grundsätzlich. Er hebt einen wichtigen Unterschied zwischen Leben

und Tod hervor, die Form: »›Leben ist, daß im Wechsel der Materie die Form erhalten bleibt‹« (III/372). Der Edukant sieht diesen Unterschied nicht ein, er führt ebenso resignativ wie lax aus: »›Wozu die Form erhalten‹« (ebd.). Behrens folgender Vorwurf: »›Wozu? Hören Sie mal, das ist aber kein bißchen humanistisch, was Sie da sagen‹« (ebd.) knüpft an Castorps Vorstellungen über das »Humanistische« der griechischen Plastik an. Dessen Vorstellung vom Humanistischen ist die eines Statuen- und Bildfetischisten, der ein starres Liebesobjekt dem gesunden Menschen vorzieht. Genau das spürt der mephistophelisch fragende Arzt auf. Der Dialog über die Form, die »Humaniora«, ist am Ende. Die medizinischen Lektionen, die die Sittlichkeit zumindest ein »bißchen« einklagen wollen, werden von Castorp nur in dem Rahmen angenommen, in dem sie die Interessen eines Voyeurs befriedigen.

Die Aufgabe der Form ermuntert den Zauberberglehrling, den Fetisch in lebendiger Gestalt (die moribunde Mme Chauchat) anzusprechen. Castorp ist zum Liebesabenteuer in der »Walpurgisnacht« jetzt »reif geworden«.[18]

Bevor wir ihn dort begleiten, muß noch eine Frage beantwortet sein: Wie verhält sich der aufgezeigte Statuen- und Bildfetischismus zu möglichen Spuren in Sacher-Masochs Roman?

Der Held der *Venus im Pelz* ist ein Kunstliebhaber. Plastiken, Gemälde und Photographien inspirieren seine Libido. Die Bekenntnisschrift führt aus:

»Ein Jude, der mit Photographien handelt, spielt mir das Bild meines Ideals in die Hände; es ist ein kleines Blatt, die ›Venus mit dem Spiegel‹ von Titian, welch ein Weib! Ich will ein Gedicht machen. Nein! Ich nehme das Blatt und schreibe darauf: ›*Venus im Pelz*‹« (*Venus*, 20). Ein erstarrtes Frauenbild löst Phantasien aus: »Die kalte Koketterie, mit der das herrliche Weib seine Reize mit den dunklen Zobelfellen drapiert, die Strenge, Härte, welche in dem Marmorantlitz liegt, entzücken mich und flößen mir zugleich Grauen ein« (*Venus*, 21).

Bereits im Knabenalter fasziniert Severin eine »Venus aus Gips«. Vor ihr kniet er nieder und spricht Gebete. Ein Statuenfetischismus ist unverkennbar. Die Gipsfigur ersetzt einen lebenden Menschen:

»Ich stieg empor und umschlang den schönen kalten Leib und küßte die kalten Lippen, da sank ein tiefer Schauer auf mich herab [sic!] und ich entfloh, und im Traume war es mir, als stünde die Göttin vor meinem Lager und drohe mir mit erhobenem Arm« (*Venus*, 40).

Das soll noch nicht alles gewesen sein. Im Mannesalter stellt dieser Held wiederholt Venusstatuen nach. Er durchschleicht Parks und Gärten, bis er auf eine »kalte grausame Geliebte« stößt. Vor ihr liegt er »auf den Knien, das Antlitz gegen die kalten Steine gepreßt« (*Venus*, 19).

Ein derartiges Verhalten wird Severin im Laufe des Romans seiner Wanda mit Vorliebe erweisen. In ihr ist ihm eine Statue »lebendig geworden« (*Venus*, 22).

Bezeichnenderweise fasziniert den Statuen-/Bildfetischisten die Haut der Geliebten: »[...] die Haut ist so unendlich zart, daß überall die blauen Adern durchschimmern« (*Venus*, 24). Diese sensitive Zeichnung von Haut und Adern nimmt das »schwachbläuliche Geäder« (III/360) des Chauchat-Portraits eindeutig vorweg. Es ist ein Topos, der bereits hinsichtlich der Frauenfiguren der frühen Erzählungen Thomas Manns hinreichend bekannt ist. Und jener »tiefe Schauer« Severins beim Anblick von Bild, Statue und Pelzdame erfaßt mit den Helden der frühen Erzählungen (Bajazzo, Friedemann etc.) auch Hans Castorp. Sein »Schauer von Sensitivität« (III/360) schlägt eine Brücke zu Severins bildberauschten Entzückungen. Während Severin jedoch zur Tat schreitet und die »kalten Lippen« seines Fetischs küßt, sublimiert der Erzähler des *Zauberberg* das zu einer Wunschvorstellung seines Helden (»wenn man etwa die Lippen daraufdrückte«; III/360f.).

Die gemeinsamen Vorlieben der beiden Liebhaber ließen sich

durch andere Textbelege fortsetzen. Weiter unten wird von Castorps Beziehung zu Chauchats Röntgenbild die Rede sein. Entscheidend ist Thomas Manns Interesse für das *Grund*thema Sacher-Masochs: aus dem Bild- und Statuenfetisch wird allmählich eine Beziehung zu einer lebendigen Pelzdame.

Wir konnten Castorps Verhältnis zu Chauchat anhand seiner Fixierung auf Hand- und Bilderotik verfolgen; es entwickelte sich zwischen Faszination und Abwehr, bis es zum Verzicht auf bürgerliche Konventionen kommt. In »Humaniora« ist er zur Verneinung der Form bereit. Sein Widerwille gegenüber ungehemmter Triebentfaltung ist jedoch noch nicht ganz gebrochen. Im Kapitel »Totentanz« führt der Erzähler eine Episode vor, die in einer thematischen Beziehung zu Sacher-Masochs Roman steht. Es sind die »Geschichten des Rechtsanwalts Einhuf aus Jüterbog«:

»Er galt für einen gefährlichen Liederjan, und Frau Stöhr konnte auf die – im Tiefland übrigens verlobte – junge Dame mit ihrem Finger weisen, die man zu einer bestimmten Stunde aus Einhufs Zimmer hatte treten sehen, bekleidet nur mit einem Pelz, unter dem sie nichts weiter als eine Reformhose getragen haben sollte« (III/414).

Dieses Liebesspiel des Rechtsanwaltes mit der Pelzdame in der Reformhose ist, »skandalös und beleidigend für Hans Castorp persönlich, im Sinn seiner geistigen Bemühungen« (ebd.). Castorp hat sich offenbar erst auf der Ebene der Vorstellung von der Form gelöst. Begegnet ihm die Unform in der Wirklichkeit, rebelliert die verinnerlichte bürgerliche Formenwelt nach wie vor, er findet Grenzüberschreitungen »skandalös«.

Seine Vorbehalte dagegen vermag er erst durch den Verkleidungszauber der »Walpurgisnacht« abzulegen, in einem unbestimmten Bereich jenseits des Raumes und der Zeit. Sollte der Erzähler durch die Episode des Rechtsanwalts und der nackten Pelzdame in der »Reformhose« einen heuristischen Blick auf das Verhältnis Castorps zu Chauchat geworfen haben?

Vom Statuenfetischismus zur lebenden Statuenfrau: »Walpurgisnacht«

War Castorp im Kapitel »Humaniora« noch ganz auf antike Statuen fixiert, so tritt ihm in der »Walpurgisnacht« eine lebende Statuenfrau gegenüber: die angebetete Chauchat. Das Verlangen nach dieser Frau ist so gewaltig, daß selbst Settembrini seinen Schützling davor nicht bewahren kann. Settembrinis Warnung bezieht sich primär auf die sinnliche Verlockung ihrer Haartracht. Er vergleicht Chauchat mit Lilith, dem Urweib des Alten Testaments: »›Diese Lilith ist zum Nachtspuk geworden, gefährlich für junge Männer besonders durch ihre schönen Haare‹« (III/456).

Aber nicht nur dieses Urweib ist durch ihre schönen Haare »so gefährlich für junge Männer«. Auch Masochs »Venus« signalisiert durch »das rote Haar«, das »dämonisch und doch lieblich [...] um ihren Nacken [spielt]« (*Venus*, 24), eine Bedrohung für den jungen Severin. Neben ihrer so gefährlichen Haarerotik ist sie mit drei Fetischen ausgestattet: Pelz, Mütze, Peitsche[19]. In frühen Erzählungen Thomas Manns (»Friedemann«, »Der Bajazzo«) sind die Frauengestalten mit derartigen Markenzeichen versehen. Lassen sich diese drei Fetische auch bei der Figurengestaltung von Mme Chauchat erkennen?

Auf den ersten Blick ist eine derartige Affinität kaum auszumachen. Hat sie der Erzähler – der Verkleidungslaune und dem Mummenschanz des Festes folgend – in andere Formen verpackt? Wiederholt ist erkannt worden, daß Thomas Mann im Kapitel »Walpurgisnacht« zu den Kunstmitteln der Parodie und Travestie greift.[20] Der grundsätzliche Befund läßt sich auf unser Problem übertragen. Offenbar travestiert der Erzähler Masochs Fetisch der Mütze. Wandas Pelzmütze wird in Mme Chauchats Papiermütze umgewandelt:

»Auch Frau Chauchat hatte sich mit einer Faschingsmütze geschmückt, – es war nicht einmal eine gekaufte, sondern von der

Art, wie man sie Kindern anfertigt, aus weißem Papiere einfach zum Dreispitz zurechtgefaltet, und kleidete sie übrigens, quer aufgesetzt, vorzüglich« (III/456).

Aus der Kosakenmütze der Katharina ist eine neue Mütze geworden, die an einen anderen Herrscher erinnert: Napoleons queraufgesetzter Dreispitz bietet sich an. Damit findet ein Wechsel vom weiblichen zum männlichen Tribun statt. Indem Chauchat also mit einem maskulinen Fetisch geschmückt ist, wird Castorps Angst vor der verbotenen Liebe mit Hippe ins Spiel gebracht.

Im Selbstverständnis der klassischen Ästhetik geht in der Parodie der frivolste Gegenstand unmittelbar zu strengstem Ernste über.[21] So erlebt auch der faschingstrunkene Hans Castorp den Übergang einer Faschingsmütze, »von der Art, wie man sie Kindern anfertigt« zum Attribut einer mitleidslosen Frau: »Die im Papierdreispitz betrachtete ihn von oben bis unten mit einem Lächeln, worin keinerlei Mitleid, keinerlei Besorgnis angesichts der Verwüstung seines Äußeren zu erkennen war. Dies Geschlecht kennt ein solches Mitleid und eine solche Besorgnis überhaupt nicht vor den Schrecken der Leidenschaft, – eines Elementes, ihm offenbar viel vertrauter als dem Mann, der von Natur keineswegs darin zu Hause ist und den es nie ohne Spott und Schadenfreude darin begrüßt« (III/463).

Der auktoriale Kommentar des Erzählers spricht für sich. Er weist »die im Papierdreispitz« repräsentativ als eine belle dame sans merci aus. Mme Chauchat erscheint doppelbödig: Ihre individuellen Züge vermischen sich mit einer vermeintlichen Geschlechtsarchetypik. Zunächst zeigt sie ein mitleidloses »Lächeln«, dann erstarrt sie zum Bild einer grausamen Frau. Der allwissende Erzähler thematisiert den Bild- und Statuenfetischismus seines Helden.

Stand Castorp in der Privatwohnung des Hofrates Behrens seinem Bildfetisch »bei Fuß« (III/364), so setzt er sich nun im verfremdeten Szenarium des Faschingstrubels dem leibhaftig gewordenen »Schrecken der Leidenschaft« zu Füßen. Bezeichnenderweise zieht er Chauchat einen sogenannten »Triumphstuhl« (III/465) heran, während er selber mit einer schäbigen Sitzgelegenheit, einem »knisternden, krachenden Korbstuhl« (ebd.) zufrieden ist. Castorp richtet seine Aufmerksamkeit sofort auf ihre Verkleidung: »›Du hast ein neues Kleid‹, sagte er, um sie betrachten zu dürfen« (III/466).

Ist es zulässig, dieses Kleid mit Sacher-Masochs Pelzfetisch zu vergleichen? Das scheint *bedingt* möglich zu sein, denn der Erzähler führte es an früherer Stelle wie folgt ein: »Das dunkelgoldbraune Seidenkleid war fußfrei, der Rock etwas bauschig gearbeitet«. Die Arme »waren nackt bis zu den Schultern hinauf« (III/456). Sicher ist die Farbgebung ebensowenig zufällig gewählt wie die aufregende Nacktheit der Despotin auf dem »Triumphstuhl«. Die »dunkelgoldbraune« Farbe des Kleides läßt zumindest die Assoziation mit der typischen Pelzfarbe zu. Allein die bekannte kühlende Eigenschaft der Seide spricht dagegen.[22] Wie dem auch immer sei, gesichert scheint, daß mit der Nacktheit auf eine antike Marmorstatue angespielt wird.

Im Arrangement zwischen Erstarrung und Vitalität ist auch ein Bezug auf den dritten der genannten Fetische, die Peitsche, denkbar. Chauchats nackte Arme üben eine magische Faszination auf Castorp aus. Sie sind »bis zu den Schultern hinauf frei [...] zart und voll [...] zugleich, – kühl dabei, aller Mutmaßung nach, und außerordentlich weiß« (III/452). Der Erzähler überträgt Castorps bekannte Gefühlsmischung aus Faszination und Abwehr auf seine Detailbeschreibung: »Die volle, hochbetonte und blendende Nacktheit dieser herrlichen Glieder eines giftkranken Organismus war ein Ereignis« (III/453).

Dieser »Lockung«, der »vernunftwidrige[n] Lockung dieser Arme«, erliegt der »arme Hans Castorp« auf eine Weise, wie sie aus den frühen Erzählungen Thomas Manns bekannt ist. Wie bereits der kleine Herr Friedemann, so ist jetzt auch Castorp auf eine »so erschütternde Art« vom Anblick der Arme mitgenommen, daß er die Augen schließt und ihm nichts weiter übrigbleibt, »als den Kopf zu senken« (ebd.). Was in dieser Szene noch angedeutet wird, steigert sich im Verlauf des Faschingstreibens: Hans Castorp kniet vor Mme Chauchat. Die devote Haltung provoziert den Schlußakkord. Mme Chauchat zeigt die Drohgebärde der Leidenschaft. Bevor sie die Türschwelle überschreitet, zögert sie einen Moment lang in dem Türrahmen, »halb rückwärts gewandt, einen ihrer nackten Arme erhoben, die Hand an der Türangel« (III/478). Der erhobene nackte Arm der Chauchat ist das Vorspiel zur erotischen Begegnung. Der Vollzug bleibt noch in der Schwebe, er wird erwartet. Mit diesem festgehaltenen Bild läßt sich eine Textstelle aus Masochs *Venus* vergleichen. Sacher-Masoch: »[...] und im Traume war es mir, als stünde die Göttin vor meinem Lager und drohe mir mit erhobenem Arm« (*Venus*, 40).

Während Masochs Roman den Fetisch der Peitsche direkt mit »dem erhobenen Arm« identifiziert, bleibt das in Thomas Manns Text unausgesprochen.

Zusammenfassend können wir feststellen, daß Sacher-Masochs drei Fetische (Pelz, Mütze, Peitsche) im *Zauberberg* auf modifizierte Weise wiederbelebt werden. Sie erscheinen in der Maskerade als »Papierdreispitz«, als »dunkelgoldbraune[s] Seidenkleid« und als die »vernunftwidrige Lockung« des nackten und drohenden Frauenarmes.

Es konnte bereits gezeigt werden, daß Hans Castorps Annäherungen an Mme Chauchat über ihr Portrait und über eine Anspielung auf die antike Plastik führten (Bild- und Statuenfetischismus). Ferner sahen wir, daß Mme Chauchat in der Walpurgisnacht doppelbödig gestaltet ist. Sie trägt zugleich individuelle und gattungsspezifische Züge.

Für Hans Castorp überlagern sich in der Chauchat-Figur Gegenwart und Vergangenheit, Faszination und Verdrängtes. Sie ist die attraktive Faschingsschönheit und gleichzeitig die Wiederbelebung seiner pubertären Liebschaft zu Hippe. Bei ihrem aktuellen Anblick durchlebt Castorp noch einmal das verdrängte amouröse Jugendabenteuer: Im Tanzsaal des Sanatoriums träumt Castorp, er stehe auf dem »Klinkerhof« seiner Schule und »blickte aus nächster Nähe in die blau-grau-grünen Epicanthus-Augen über den vortretenden Backenknochen« (III/463). Er wiederholt seine Bitte nach einem Bleistift. Er weiß mit traumatischer Sicherheit, worum er bittet. Aber es bedarf einer weiteren Steigerung des Geschehens, um es dem Bittsteller zu ermöglichen, Chauchat seinen Traum zu offenbaren. Zu diesem Zweck plaziert er sie auf den »Triumphstuhl«. Hier sitzt, wie bereits gezeigt, die lebende Chauchat. Ihre Ähnlichkeit mit einer antiken Statue, mit einem Fetisch, ist jedoch unverkennbar.

Der Fetischcharakter der Figur ist doppelbödig geworden. Nach wie vor wird Chauchat mit einem Fetisch identifiziert, gleichzeitig trifft man auf eine höchst vitale Frau. In dieser dialektischen Beziehung wird sie zum idealen Partner für Castorps Gefühlsverwirrungen. Die verdrängten Erinnerungen an Hippe sind endlich zugelassen. Castorp kann sich Hippes Doppelgängerin anvertrauen. Von ihr erwartet er Absolution seiner Sünden. Deshalb nimmt sie für ihn die Gestalt einer despotischen Statue an. Das Verbotene und das nun Zugelassene winken ihm.[23]

Der Zwiespalt kann sich nur zweisprachig artikulieren. Zu Mme Chauchat spricht Castorp in deutscher und französischer Sprache.[24] Seine Erklärung, »parler francais, c'est parler sans parler, en quelque manière, – sans responsabilité« (III/469) soll ihn aus der Verbindlichkeit der Muttersprache entlassen, um seinen ungehemmten Gefühlsstrom zu erleichtern. Die Vorstellungswelten überlagern sich. Eine analoge Überlagerung (Doppelbödigkeit) findet man auch hinsichtlich der Raum- und Zeitvorstellungen. Raum und Zeit sind in ein Paradox zwischen Leben und Tod, zwischen Bewegung und Erstarrung angesiedelt. In diesem metaphysischen Bereich kann Castorp der Chauchat/

Statue bekennen: »›Je t'aime‹, lallte er, ›je t'ai aimée de tout temps, car tu es le Toi de ma vie, mon rêve, mon sort, mon envie, mon éternel désir…‹« (III/476).
Es ist kein Zufall, daß der Liebesbegeisterung eine Phantasie über Mme Chauchats Körpergestalt folgt. Im von der Verantwortung entbundenen Bewußtsein ist der Bereich ihres Körpers zugelassen:
»›Oh, l'amour, tu sais… Le corps, l'amour, la mort, ces trois ne font qu'un. Car le corps, c'est la maladie et la volupté, et c'est lui qui fait la mort, oui, ils sont charnels tous deux, l'amour et la mort, et voilà leur terreur et leur grande magie!‹« (ebd.).
Und:
»›il [le corps] est une grande gloire adorable, image miraculeuse de la vie organique, sainte merveille de la forme et de la beauté, et l'amour pour lui, pour le corps humain, c'est de même un intérêt extrêmement humanitaire et une puissance plus éducative que toute la pédagogie du monde!‹« (III/477).
Dieses Gefühl, das *nun* aus dem Spannungsverhältnis zwischen dem Statuenfetisch und dem Original aus Fleisch und Blut entsteht, hatte Castorp in ähnlicher Weise mit seiner Jugendliebe Hippe genossen. In der träumerischen Bewußtlosigkeit der Walpurgisnacht ist ihm das Wiedererkennen gestattet. Er kann seine bedeutungsvolle Bitte an Chauchat »›Hast *du* nicht vielleicht einen Bleistift?‹« (III/463) zulassen, weil sie zugleich Frau und Fetisch ist. Nur gegenüber einer derartigen Doppelfigur vermag Castorp sein Geheimnis der ersten Bleistiftleihe zu lüften:
»›Mais quant à ce que je t'ai reconnue et que j'ai reconnu mon amour pour toi, – oui, c'est vrai, je t'ai déjà connue, anciennement, toi et tes yeux merveilleusement obliques et ta bouche et ta voix, avec laquelle tu parles, – une fois déjà, lorsque j'étais collégien, je t'ai demandé ton crayon, pour faire enfin ta connaissance mondaine, parce que je t'aimais irraisonnablement, et c'est de là, sans doute, c'est de mon ancien amour pour toi que

ces marques me restent que Behrens a trouvées dans mon corps, et qui indiquent que jadis aussi j'étais malade...‹« (III/475 f.). Aus dieser confessio spricht nicht nur das Bedürfnis, geliebt zu werden, sondern ebenso das Bedürfnis nach Vergebung. Castorp möchte durch unterwürfiges Verhalten seine Schuldgefühle loswerden. Er zweifelt daran, ob er es verdient, geliebt zu werden; er braucht die Liebe, damit er spürt, trotz allem angenommen zu sein. Letztendlich gesteht Castorp, wie er mit Hippe gehandelt hat. Daran schließt sich das (unterschwellige) Desiderat an, Chauchat möge ihn von seinem Hippe-Komplex entbinden. Um zur Verzeihung und damit zum Geliebtwerden zu kommen, nimmt er eine eindeutige Demutshaltung ein. Er kniet vor ihr, »gebeugten Kopfes und am ganzen Körper zitternd« (III/476). Dabei stottert und lallt er.

Die Phänomene des Niederkniens, des Stotterns und Lallens konnten bereits im Rahmen unserer Analyse der frühen Erzählungen Thomas Manns direkt auf Sacher-Masochs Text bezogen werden (vgl. Kap. 4). Darüber hinaus erinnert auch Mme Chauchats folgende Geste sowohl an die *Venus im Pelz* als auch an Amra Jacoby aus der Erzählung »Luischen«: »Sie streichelte ihm leicht mit der Hand das kurzgeschorene Haar am Hinterkopf« (ebd.).

Aber Hans Castorp soll nach dem Willen des Erzählers sein Schicksal nicht mit Rechtsanwalt Jacoby oder dem kleinen Herrn Friedemann teilen. Er trifft auf eine Geliebte, die es versteht, die jeweiligen Sonderwünsche ihrer wechselnden Liebhaber zu bedienen. Sie ahnt offenbar, daß Castorp die Aufmerksamkeit auf sein Leiden lenken möchte. Mit besonderem Einfühlungsvermögen geht sie auf das Bedürfnis nach Absolution ein. Und weitaus zutreffender als viele wissenschaftliche Kommentare zum *Zauberberg* deutet sie den Antrag des liebeskranken Helden »›laisse-moi périr, mes lèvres aux tiennes!‹« (III/477) als ein Zeichen mit hintergründigem Sinn. Denn Castorp bittet nicht um einen *inhaltlich* zu nehmenden Tod. Er wünscht, seine Todessehnsucht erotisch ausleben – und überwinden – zu können. Chauchat hört diese Botschaft wohl, und es fehlt ihr nicht am Glauben. Sie beherrscht das rituelle Vorspiel und ermuntert ihren Freier gestenreich – »halb rückwärts gewandt, einen ihrer nackten Arme erhoben [sic!]« (III/478) – zum Liebesabenteuer: »›N'oubliez pas de me rendre mon crayon‹« (ebd.).

Der Leser erfährt nichts darüber, *wie* diese Liebesnacht stattgefunden hat. Sie bleibt eine Leerstelle. Nach dem Willen des Erzählers gehört sie zur »wortlose[n] Zwischenzeit, während welcher wir den zeitgebundenen Fluß unserer Erzählung unterbrochen und nur sie, die reine Zeit, haben walten lassen« (III/483).

Daß ein Rendezvous stattgefunden hat, verdeutlicht die Leitmotivstruktur. Im Kapitel »Veränderungen« erfährt man, Hans Castorp habe Mme Chauchat den Bleistift (leitmotivisch bedeutungsbeladen durch die Liebe zu Hippe) zurückgegeben (vgl. III/483). Näheren Aufschluß über das Zusammentreffen geben zwei Textstellen. Deren Bedeutung ist bislang nicht erkannt worden. Die *erste* steht in Zusammenhang mit Castorps Bildfetischismus. Der Erzähler identifiziert Chauchats Röntgenbild mit »dem Fleische, von dem Hans Castorp in der Faschingswoche *vernunftwidrigerweise* gekostet hatte« (III/540; Hervorhebung H. R.). In der »Walpurgisnacht« war von der »*vernunftwidrige(n)* Lockung dieser [d. h. Clawdias] Arme« (III/453; Hervorhebung H. R.) die Rede. Vernunftwidrig soll beides gewesen sein: das Kosten vom »Fleische« und die Lockung der »Arme«. So darf angenommen werden, Chauchats Arme seien im Liebesvollzug besonders vernunftwidrig in Erscheinung getreten.

Die *zweite* Textstelle verweist auf die Warnungen Settembrinis. Lasse sich Castorp auf Chauchat ein, so werde er »auf allen vieren gehen« und »zu grunzen beginnen« (III/345). Der Gelehrte kennt wie kein zweiter die seelischen Beschaffenheiten der Zauberberg-Gesellschaft. Er ist Chauchats eigentlicher Gegenspieler und weiß, wie sehr sie prädestiniert ist, auf die »Todeswollust« Castorps einzugehen. (Später wird er Naphtas wollüstige Neigungen entlarven.) Allerdings schweigt der Erzähler aus gutem Grund darüber, ob sein Held tatsächlich das von Settembrini prophezeite Schicksal erlitt. Angenommen, er hätte auf allen vieren gegrunzt, so kann sich das nur in Chauchats Schlafzimmer abgespielt haben.[25] Und sollte das der Fall gewesen sein, so stünde auch hier Sacher-Masochs Severin Pate, der sich von seiner Venus wie ein »Tier [...] in den Pflug spannen« (*Venus*, 99) ließ.

All das sind Spekulationen – und sie sollen es (nach dem Willen des Erzählers) bleiben. Im Gesamtzusammenhang von Castorps Unterwerfungsgesten ergeben sie allerdings einen Sinn. Gesichert ist, daß die Ereignisse in der »Walpurgisnacht« nicht mit einer Liebe zu vergleichen sind, wie sie Romeo und Julia im Sinn hatten. Denn Castorp überlegt an früherer Stelle, ob es Chauchat nicht hätte »untersagt werden müssen«, »die Männer neugierig auf ihren Körper zu machen« (III/182). Sie ist »hoffnungslos« (III/313) krank. Damit scheidet auch ein Liebesverhältnis aus, das auf Generativität gerichtet ist. Castorps Liebeswahl ist weder unschuldiges Verlangen noch spielt der Gedanke an Zeugung eine Rolle. *Andere* Beweggründe trieben den Zauberberglehrling ausgerechnet zu Chauchat. In den »nackten Armen« der burschikosen Nägelkauerin findet er das passende Objekt für seine vernunftwidrigen Ambitionen.

Am Tag nach der Liebesnacht reist Mme Chauchat ab. Der Verkleidungszauber ist ausgestanden. Demzufolge gibt der Erzähler seiner Figur die Fetische in ungeschminkter Gestalt zurück. Chauchat verabschiedet sich »in langem, rauhem, mit Pelz besetztem Reisemantel mit großem Hut, [...] während man ihre Knie mit einer Pelzdecke umwickelte...« (III/484).

Irrwege ohne Pelzdame: Castorps Auseinandersetzung mit Naphta und Settembrini

Einer Hegelschen Gedankenfigur folgend ist der Weg des Geistes der Irrweg. Um zur Erkenntnis zu kommen, bedarf es der Einsicht in Fehltritte. Der Zauberbergaufenthalt verhilft Castorp, die Irrwege seines Lebens retrospektiv zu sichten. Anamnetisch werden vergessene Erfahrungen ins Bewußtsein zurückgeholt. Allein diese sind nicht ohne Geburtswehen und erneute Irrwege zu bekommen.

Wir erinnern uns: Im Traum kommt Castorp zum Hippe-Erlebnis zurück. Die unvernünftige Bleistiftleihe wird durch die Liebesnacht mit Chauchat beigelegt. Allein mit der Neutralisierung der Hippe-Episode hat es eine eigentümliche Bewandtnis. Denn Castorp liebte Chauchat um Hippes willen (besser: um sich von Hippe zu emanzipieren), nicht um ihrer selbst willen. Die Doppelfunktion Clawdias als Statue und als lebende Person ermöglichte das. Einzig auf dem Irrweg der Unterwerfungsgesten konnte das nächtliche Rendezvous stattfinden. Dieser Irrweg, der Verzicht auf die bürgerliche Formwelt, wurde im Kapitel »Humaniora« vorbereitet (Stichwort: Bild- und Statuenfetischismus). In der »Walpurgisnacht« trifft Castorp auf einen Fetisch *und* auf die vitale Mme Chauchat. Einem derartigen Konflikt ist nicht einmal eine literarische Figur ohne weiteres gewachsen: der Erzähler verlegt das Geschehen in einen zeit- und raumenthobenen Bereich.

Post festum und post coitum bleibt die Tristesse. Castorp hält sein Hippe-Trauma in »normalen, gesunden Grenzen«, seine Libido geht auf Chauchat über. Allerdings ist die neue libidonöse Beziehung nach wie vor – und erst recht – die eines Bildfetischisten. Castorp ist auf Chauchats Röntgenbild fixiert. Der Erzähler gibt die komplexe Problematik in *einem* Satz zu erkennen:

»Deutlichkeit und Lebendigkeit dieses Erinnerungsbildes [an Hippe, H. R.], wenn es ihm denn vorschwebte, hielten sich in normalen, gesunden Grenzen; und im Zusammenhange damit zog dann Hans Castorp wohl aus seiner Brusttasche das gläserne Angebinde, das er dort in einem gefütterten Briefumschlag und hierauf in der Brieftasche verwahrt hielt: ein Täfelchen, das, wenn man es in gleicher Ebene mit dem Erdboden hielt, schwarz-spiegelnd und undurchsichtig schien, aber, gegen das Himmelslicht aufgehoben, sich erhellte und humanistische Dinge vorwies: das transparente Bild des Menschenleibes, Rippenwerk, Herzfigur, Zwerchfellbogen und Lungengebläse, dazu das Schlüssel- und Oberarmgebein, umgeben dies alles von blaßdunstiger Hülle, dem Fleische, von dem Hans Castorp in der Faschingswoche vernunftwidrigerweise gekostet hatte« (III/540).

Der neue Irrweg läßt sich zusammenfassen: Über die Doppelfigur Chauchat/Fetisch kann Castorp die Hippe-Episode relativieren, aber dafür handelt er sich einen anderen Fetisch (Röntgenbild) ein. Dieses Bild steht erneut im Zeichen ehrloser Liebe. Jene Schnitzel, die der Schüler vom symbolträchtigen Bleistift Hippes abgezupft hatte, werden vom Erzähler aufgerufen. Das Bild gilt ihm als ein »Pfand, das diesmal nicht in bräunlichroten Holzschnitzeln, sondern in einem dünn gerahmten Plättchen, einer Glasplatte bestand, die man gegen das Licht halten mußte, um etwas an ihr zu finden, – Clawdia's Innenportrait, das ohne Antlitz war [...]« (III/485).

Der neue Fetisch treibt seine Sumpfblüten. Der Zauberberglehrling drückt seine Röntgenplatte »an die Lippen« (III/485)[26], er errichtet ihr auf einer »geschnitzten Miniaturstaffelei« (III/604) einen kleinen »Altar«[27]. So schwankt Castorp zwischen Liebesverlangen und Fetischanbetung. Sein notorisch »schlechtes Gewissen« (III/481, 494) ist nicht zu beruhigen. Anders ausgedrückt: Castorp möchte die *lebende* Frau Chauchat lieben, ihre Rolle als Fetisch läßt das jedoch nicht zu.

Castorp ist in einer verteufelten Situation. Aus der vernunftwidrigen Kost soll eine vernünftige werden. Die Forschung formuliert das wiederholt so: Castorp möchte seine unsittliche »Sympathie mit dem Tode«[28] beherrschen, um zur Sittlichkeit zu kommen. Deutlichster Ausdruck der Sittlichkeit ist die Liebe. Eine Vision davon wird das Schneeabenteuer bringen. Bevor das stattfinden kann, muß es hinreichend vorbereitet sein. Die Erzählzeit zwischen »Walpurgisnacht« und »Schnee« dient dieser Vorbereitung. Hier stehen dem Zauberberglehrling seine Lehrer Settembrini und Naphta zur Seite. Auch Nebenfiguren spielen eine kaum zu unterschätzende Rolle. Der *Leidens*prozeß soll zum *Lern*prozeß werden.

Hans Castorps Wunsch, Chauchat zu lieben, ist der eigentliche Beweggrund seines Zauberbergaufenthaltes. Dieser Wunsch ist (vorerst?) aus mindestens zwei Gründen nicht erfüllbar. Zum einen kommt es zu keinem Diskurs mit der Geliebten; der Erzähler hat sie vorerst verreisen lassen. Zum anderen kann sich Castorp nicht am eigenen Schopf aus dem Sumpf ziehen. Seine Dialoge mit dem Bildfetisch sind eine intellektuelle Sackgasse. Deshalb wird Castorps Konflikt in die Streitgespräche mit Naphta und Settembrini übersetzt.

Die kulturpolitischen Gegensätze dieser Dialoge können hier nicht diskutiert werden. Unsere Untersuchung richtet sich auf den nicht hintergehbaren Sachverhalt, daß die beiden Disputanden eine Gemeinsamkeit teilen: ihr Interesse an der Idee des *Leidens*. Hier sind sie widersprüchlich vereint. Settembrinis Lebenswerk besteht aus einer »Soziologie der Leiden«, die zu deren »systematischen Ausmerzung« führen soll (III/411). Seine Zusammenarbeit mit dem »Bund zur Organisation des Fortschritts« (III/343) will die Lebenspein durch die Macht des Wortes in Schach halten. Das verweist auf eine rein ideelle Sinnsetzung. Bleiben die Bedingungen der Außenwelt unverändert bestehen, richtet die Soziologie wenig aus. Settembrinis moralisches Selbstverständnis verkommt zum Selbstzweck, zur Postulatpädagogik. Castorps Wirklichkeitskonflikt ist durch gute Worte nicht aus der Welt zu schaffen.

Antithetisch dazu steht die Figur des Jesuiten Naphta. Der Sinnhorizont seiner Argumente kann nur angedeutet werden.[29] Ausschlaggebend für unsere Analyse ist, daß Castorp in ihnen ein Grundmuster seiner Gefühlsverwirrung bestätigt findet. Auch Naphta huldigt dem Statuenfetischismus. In seiner Wohnung steht eine gotische »Pietà«. Diese »Holzplastik« erinnert an Castorps Fetische, an das Ölportrait und an das Röntgenbild Chauchats. Behrens' Chauchat-Portrait ist ein »pfuscherhaftes Produkt«, durch seine »Vergröberung« (III/360) übt es kultische Funktion aus; die Pietà wird als eine »im Größenverhältnis primitiv verfehlte Figur mit kraß herausgearbeiteter Anatomie« beschrieben, »einfältig und wirkungsvoll bis zum Grotesken« (III/544). Die Pietà erscheint mit »schief geöffnetem Munde«, Behrens' Portrait zeichnet den »Mund verzerrt« (III/360). Und ebenso wie Castorp seinem geliebten Röntgenbild einen Altar errichtet hat, steht die Holzplastik »auf rot verkleidetem Sockel« (III/544). Darüber hinaus hat es mit der Pietà eine signifikante Bedeutung. Sie ist »die Gottesmutter in der Haube, mit zusammengezogenen Brauen« (ebd.). Selbst wenn man nicht bereit ist, die »Haube« mit dem bekannten Fetisch der Mütze aus Sacher-Masochs Roman zu assoziieren, so erinnern ihre »zusammengezogenen Brauen« eindeutig an die Drohgebärden der Pelzdame: »[...] die Brauen zusammengezogen« (*Venus*, 51) empfängt sie ihren Flagellanten.
Naphta verheißt Erlösung vom Leiden durch den totalitären Gottesstaat. Die Meilensteine zu diesem Ziel lauten Demut, Armut und Askese. Irdisches Leiden wird zur Lust verklärt. Der Jesuit verspricht die Wiederherstellung des »anfänglichen paradiesisch justizlosen und gottesunmittelbaren Zustand(es), der durch den Sündenfall verloren ging« (III/555). Castorps Ohr ist für solche Erlösungsutopien so offen, da er ebenfalls in einen »justizlosen« Zustand zurückschlüpfen will, der durch seinen »Sündenfall« verloren ging. Seine Demutsgebärden vor Chauchat baten um Absolution. Auch er hofft auf einen neuen Anfang, auf eine zweite Chance.

Naphtas unerbittliche Askese schlägt in Mordlust und Lustmord um. Der Mörder soll sterben, da er die »tiefste Lust« (III/638) erfahren habe:

»›Es hat keinerlei Sinn, daß der Mörder den Gemordeten überlebt. Sie haben, unter vier Augen, allein miteinander, wie zwei Wesen es nur bei einer zweiten, verwandten Gelegenheit noch sind, der eine duldend, der andere handelnd, ein Geheimnis geteilt, das sie auf immer verbindet. Sie gehören zusammen‹« (ebd.).

Castorp hatte die »verwandte Gelegenheit« erlebt; allerdings eher »duldend« als »handelnd«. Anhand historischer Beispiele setzt der Jesuit seine Obsessionen für die Unterwerfung des Körpers fort. Er befürwortet strengste Selbstkasteiung, er spricht von der Lust zu töten und von der Bereitschaft zum Tod. In seiner Ehrerbietung vor dem Leiden verklärt er den Blut- und Wundenkult der Märtyrer. Seine Leitbilder sind die »kriegerischen Mönchstypen des Mittelalters«, welche »asketisch bis zur Erschöpfung und dabei voll geistlicher Machtbegier, des Blutes nicht hatten schonen wollen, um den Gottesstaat, die Weltherrschaft des Übernatürlichen herbeizuführen« (III/620).

Ist Naphtas Begeisterung für die »kriegerischen Mönchstypen« und die »Weltherrschaft des Übernatürlichen« in Sacher-Masochs Roman zu finden? Dazu der folgende Textausschnitt aus *Venus im Pelz*:

»›Die Märtyrer‹«, so bekennt Severin seiner Pelzdame, »›[...] waren *übersinnliche Menschen*, welche im Leiden einen Genuß fanden, welche die furchtbarsten Qualen, ja den Tod suchten wie andere die Freude, und so ein *Übersinnlicher* bin ich, Madame‹« (*Venus*, 39). Übereinstimmend wird von Asketen und Märtyrern berichtet, von »Übernatürlichen« (Thomas Mann), bzw. von »übersinnliche(n) Menschen« (Sacher-Masoch).

Die Frage, ob Thomas Mann seinen Naphta unter dem Einfluß von Sacher-Masochs Roman gestaltet hat, ist nicht eindeutig zu beantworten; eine Vielzahl anderer Quellen kommt in Betracht.[30] Unabhängig davon existieren allerdings die aufgezeigten Konkordanzen.

Sie fallen noch deutlicher aus, wenn man an Settembrinis Urteil über Naphta denkt. Er warnt seinen Schützling: »›Ich werde Ihnen diesen Mann mit einem Worte kennzeichnen. Er ist ein Wollüstiger‹« (III/569). Und Settembrini verachtet seinen Kontrahenten »›[...] weil alle seine Gedanken wollüstiger Art sind‹« (III/570). Mit dem selben Adjektiv kennzeichnet auch Severin seine seltsamen Vergnügen, er betont seine »wollüstige Phantasie« (*Venus*, 136).

In der Forschung sieht man vereinzelt Naphtas pervertierten Lustgewinn im psychoanalytischen Vokabular ausgedrückt. Lubich thematisiert einen »Sado-Masochismus«.[31] Dem soll nicht widersprochen werden. Unser Erkenntnisinteresse ist allerdings auf den *literarischen* Text des Namenspatrons des Masochismus gerichtet. Vor diesem Hintergrund werden Naphta und Settembrini zu komischen Figuren. Dafür spricht eine ausgewählte Textstelle. Hier nimmt Settembrini die bekannte Bestrafungsposition der Venus (»hochaufgerichtet«) ein, während auf Naphta die Worte wie Peitschenhiebe »niedersausen«. Was aus der Peitsche wird, liest man so:

»Herr Settembrini hatte eine gewaltige Art, zu fragen. Hochaufgerichtet saß er und ließ seine ehrenhaften Worte auf den kleinen Herrn Naphta niedersausen, am Ende die Stimme so mächtig hochziehend, daß man wohl hörte, wie sicher er war, daß des Gegners Antwort hierauf nur in beschämtem Schweigen bestehen könne. Er hatte ein Stück Baumkuchen zwischen den Fingern gehalten, während er sprach, legte es aber nun auf den Teller zurück, da er nach dieser Fragestellung nicht hineinbeißen mochte.« (III/550)

Die Streitgespräche zwischen Naphta und Settembrini heben sich ironisch auf. Die Sympathie des ironischen Erzählers für seinen Schützling Hans Castorp bewahrt diesen davor, Naphtas Irrweg der perversen Selbstabsorption zu folgen und den Lustmord an sich selber zu vollziehen. Naphta löst seine selbstquälerischen Ambitionen durch Suizid im Duell. Hans Castorp folgt dem Beispiel seines Lehrmeisters nicht.

Castorps Schneevision

Vor diesem Duell findet der Zauberberglehrling einen *ihm* adäquaten Duellplatz, um den Disput zwischen Naphta und Settembrini intellektuell zu verarbeiten. In der »großen Winterwildnis«, im träumenden Bewußtsein seines Schneeabenteuers, empfindet er den »passenden Schauplatz für das Austragen seiner Gedankenkomplexe« (III/659). Wie in der »Walpurgisnacht« kommt ihm der Sinn für Raum und Zeit abhanden. Damit ist ein Bezug zum Chauchat-Trauma gegeben. Dieser taucht direkt auf, wenn Castorp die Löcher der Skistöcke im Schnee an »das Licht und die Farbe gewisser Augen, schicksalblickender Schrägaugen« (III/661) erinnern.
In der »weißlichen Transzendenz« (III/657) ist Castorp vom Tod bedroht. Die Bedrohung steigert seine Erkenntnismöglichkeit bis hin zur Vision eines human-gesitteten Lebens.
Die unterschiedlichen Ebenen der Vision (Blutmahl, Sonnenleute usw.) sollen nicht entfaltet werden. Relevant sind die Statuen-Fetische (ein Demeter- und Persephone-Steinbild) und die Vision von der göttlichen Mutter beim Stillen ihres Kindes. Das Bild der lebensspendenden Maria mit »ihrem Würmchen« (III/681) bildet das gerade Gegenteil zu Naphtas Pietà. Die Pietà zeigt die Gottesmutter in der Drohgebärde mit »zusammengezogenen Brauen«, den »Schmerzensmann auf ihrem Schoß« (III/544). Der Gegensatz zwischen Leben und Todesqual ist unmittelbar einsichtig. Die antithetische Gestaltung der beiden Bilder signalisiert Castorps Loslösung vom Irrweg des Leidens. *Im Bild* erscheint ihm eine Frau als Vorstellung von Lebensfreundlichkeit; die drohende Frau wird überwunden. So überkommt ihn

eine feierliche Stimmung der Initiation, die er »gänzlich mit Entzücken« (III/681) erlebt.
Für die Annahme, Castorp verlasse das fetischbesetzte Frauenbild, spricht der weitere Erzählverlauf. Bilder werden begrifflich erläutert. Das »Traumgedicht vom Menschen« (III/685) interpretiert den Bildertraum. Die Struktur der Schneevision ist »allegorisch: pictura und subscriptio«.[32]
Kurzke hebt hervor, die allegorische Struktur entspreche der didaktischen Absicht: »es läuft auf ein fabula docet hinaus, wie bei jeder echten Allegorie, die das Bild als überflüssig beiseitewirft, sobald sein Sinn gefunden ist.«[33] Das fabula docet ist im Roman kursiv gesetzt: »*Der Mensch soll um der Güte und Liebe willen dem Tode keine Herrschaft einräumen über seine Gedanken*« (III/686).
Kurzkes Einsicht, der Moralsatz löse das Bild ab, ist für unsere Argumentation von nicht zu unterschätzender Bedeutung. Denn es geht ja um die allegorisch-rationalistische Entwertung des Bildes.
Die Lehre (»*um der Güte und Liebe willen*«) eröffnet einen Begriff der Liebe, von dem im Roman noch keine wesentliche Rede war. Bisher stand Liebe unter dem Kennzeichen ehrloser Grenzüberschreitung, des Fetischkults und der unsittlichen Sympathie mit dem Tod. Der weiterführende Begriff nimmt die Partei humaner Gesittung ein. Castorp erkennt, daß »Treue zum Tode und Gewesenen nur Bosheit und finstere Wollust und Menschenfeindschaft ist, bestimmt sie unser Denken und Regieren« (III/686).
Die Selbstanklage des Helden, sein »Denken und Regieren« sei »Bosheit und finstere Wollust«, stimmt wörtlich mit seinem Urteil über Naphta überein. Naphta, so erkennt Castorp, sei »wollüstig und boshaft« (III/685). Dessen perverses Verlangen nach Knechtung des Körpers, nach selbstquälerischer Lust samt Statuenfetischismus steht – auf dem Hintergrund unserer Ausführungen oben – außer Frage. Der Zauberberglehrling läßt Naphtas Bewußtsein hinter sich.

Die Parteinahme für die Sittlichkeit der »Liebe« schließt eine Loslösung von seinem anderen geistigen Ziehvater, Settembrini, ein; denn »der andere bläst immer nur auf dem Vernunfthörnchen und bildet sich ein, sogar die Tollen ernüchtern zu können« (III/685).
Auf Settembrini und Naphta zusammenfassend gemünzt, liest man im »Traumgedicht«: »Die Liebe steht dem Tode entgegen, nur sie, nicht die Vernunft, ist stärker als er« (III/686).
Über die bisherige Entgegensetzung von Tod und Leben gelangt Castorp zu einer Synthese. Er erkennt den Menschen als »Herr[n] der Gegensätze« (III/685):
»Die Durchgängerei des Todes ist im Leben, es wäre nicht Leben ohne sie, und in der Mitte ist des Homo Dei Stand – inmitten zwischen Durchgängerei und Vernunft – wie auch sein Staat ist zwischen mystischer Gemeinschaft und windigem Einzeltum« (ebd.).
Eine solche Herrschaft verbindet *Leben* und Liebe. Die Liebe tritt auf die Seite eines sittlich verantwortungsvollen Lebens. Sie erkennt das regulative Prinzip der Vernunft an. Freilich kündigt sie die Bindung an den Tod (Erotik!) nicht auf. »*Güte und Liebe*«, so das fabula docet, sind als die gesuchte »Mitte« entdeckt. »Güte ist ein anderes Wort für angewandte, praktizierte Liebe – Humanität.«[34]
»*Güte und Liebe*«, respektive Humanität – so können wir zusammenfassen – sind die Hoffnungsträger, die Hans Castorp vom Irrweg der »Bosheit und finstere(n) Wollust« lösen sollen.
Findet man Castorps Hoffnungsträger in Sacher-Masochs Roman vorgeformt? Zweifellos gibt es in der Weltliteratur unzählige Beispiele für Erlösungsutopien unter dem Vorzeichen der »Liebe«. Deshalb wäre es falsch zu erwägen, der »Zauberberg« stütze sich primär auf die *Venus im Pelz*. Dennoch erscheinen Castorps Hoffnungsträger (»Güte und Liebe«) gegen »finstere Wollust« fast wortgleich in Masochs Schrift.
In einer Textstelle steht Severin einer Todesdrohung gegenüber:

»Sie [die Venus, H. R.] zieht einen kurzen Dolch hervor, ich schrecke zusammen, wie seine Klinge mir vor den Augen blitzt, ich glaube wirklich, daß sie mich töten will. Sie aber lacht und durchschneidet die Stricke, die mich fesseln« (*Venus*, 100).

Wenig später erlebt Masochs Held eine gleichsam visionäre Sicht seiner Venus:

»Eine rührende Sanftmut verklärt ihr ganzes Wesen, und wenn sie mir zum Abschied die Hand reicht, dann liegt in ihrem Auge jene übermenschliche Gewalt der Güte und Liebe, welche uns Tränen entlockt, bei der wir alle Leiden des Daseins vergessen und alle Schrecken des Todes« (*Venus*, 101).

Auf der Ebene der Wortwahl sind die Übereinstimmungen evident: Die »übermenschliche Gewalt der Güte und Liebe« macht »alle Schrecken des Todes [vergessen]«.

In einer anderen Textstelle drückt die Pelzdame ihre Zuversicht aus, Severin sei von seinen wollüstigen Phantasien geheilt. In einem Brief schreibt sie:

»›Ihrem Leben wird es gewiß nicht an Sonnenschein fehlen, wenn Ihre Phantasie die Herrschaft über sie verloren hat und jene Eigenschaften bei Ihnen hervorgetreten sind, welche mich anfangs so sehr anzogen, die Klarheit des Gedankens, die Güte des Herzens und vor allem – *der sittliche Ernst.*

Ich hoffe, Sie sind unter meiner Peitsche gesund geworden, die Kur war grausam aber radikal‹« (*Venus*, 137).

Auch hier stimmen die Severin anempfohlenen Schutzmächte gegen die Wollust (»Güte des Herzens«, »sittliche[r] Ernst«) mit Castorps Traumgedicht überein.

Sacher-Masochs Figur zieht keinerlei Konsequenz aus den anempfohlenen Ratschlägen. Zwar bleibt am Ende des Romans ein Rest von Utopie enthalten[35], aber es triumphiert eine simple Auffassung über menschliches Zusammenleben: »Hammer oder Amboß« (*Venus*, 138). Der Stärkere soll siegen.

Und welches Ziel verfolgt Hans Castorp? Der Erzähler des *Zauberberg* ist weit davon entfernt, ihm ähnlich geschlossene Welt-

und Frauenbilder in den Mund zu legen. Dennoch holt Castorp die Realität ein. Das Kapitel »Schnee« endet mit dem Vergessen des Traumes:
»Was er geträumt, war im Verbleichen begriffen. Was er gedacht, verstand er schon diesen Abend nicht mehr so recht« (III/688).
Sowohl Castorp als auch Severin folgen – wenngleich aus unterschiedlichen Gründen – nicht den sittlichen Imperativen. Beide werden in pragmatische Lebenszusammenhänge entlassen. Masochs Roman endet mit einer Heilung Severins von seinen wollüstigen Phantasien.
Warum schließt der *Zauberberg* nicht mit der Schnee-Vision? Warum soll Castorps Emanzipation von »Bosheit und finstere[r] Wollust« nur vorläufig gelten? Warum schickt der Erzähler seinen Schützling erneut auf eine Distanz, die immerhin noch ein Drittel des Romanumfanges ausmacht?
Offensichtlich reichen visionäre Hoffnungsträger und abstrakte Unabhängigkeitserklärungen von der Wollust nicht aus, um ein fetischbesetztes Frauenbild abzuschütteln. Es bedarf der Probe aufs geliebte Exempel, um die geträumten Einsichten praktisch zu erproben: Mme Chauchat kehrt auf den Zauberberg zurück. In der zweiten Chauchat-Episode tritt ihr ein neuer Liebhaber zur Seite: Mynheer Peeperkorn.

Die domestizierte Pelzdame und ihr Gebieter: Mynheer Peeperkorn. Castorps Doppelbündnis: eine erpreßte Versöhnung

Obwohl Hans Castorp sein Schneeabenteuer nach dem Willen des Erzählers nicht mehr »so recht« verstehen soll, bleibt seine Emanzipation von den intellektuellen Autoritäten Naphta und Settembrini ein nicht mehr hintergehbares Ergebnis; er bezeichnet ihre Reden fortan als »Schwätzerchen« (III/794). Dafür ge-

horcht er einer charismatischen Autoritätsfigur, Pieter Peeperkorn, dem neuen Weggefährten Mme Chauchats.
Peeperkorn ist ein herrschsüchtiger und cholerischer Herrenreiter, der den Genuß predigt und den Rausch liebt. Kaum einen Satz bringt er sinnvoll zu Ende, dennoch erhebt er seine Gedankensplitter zu Reliquien. Obwohl er dem jungen Helden die Geliebte ausgespannt hat, folgt ihm jener wie ein Vasall. Castorp lenkt seine libidonösen Kräfte auf diese Persönlichkeit.[36] Ihn fasziniert nicht nur Peeperkorns Vitalität, seine Lebens- und Genußkraft, was ihn offenbar am stärksten einnimmt, ist die Tatsache, daß Clawdia Chauchat »die Hörige Peeperkorns« geworden ist und in ihm ihren »Gebieter« (III/804) gefunden hat.
Mme Chauchat offenbart Castorp, stets nach einem dominanten Herren verlangt zu haben:
»›Sein Gefühl zwang mich, ihm zu folgen und ihm zu dienen. Wie denn wohl sonst? Urteile selbst! Ist es denn mähnschenmöglich, sich über sein Gefühl hinwegzusetzen?‹« (III/829).
Die mit dem langgezogenen slawischen Akzent so eindringlich beschworene Menschlichkeit ist in der ersten Chauchat-Episode dem Bereich des (schamlosen) Trieblebens vorbehalten. In der zweiten Chauchat-Episode wird das umgekehrt. Die einst polygame Frau wird monogam. Darüber hinaus will sie sich einem Mann unterwerfen. Clawdia gesteht dem Liebhaber der Faschingsnacht:
»›Man wäre keine Frau, wenn man nicht um eines Mannes willen, eines Mannes von Format, wie du sagst, für den man ein Gegenstand des Gefühls und der Angst um das Gefühl ist, auch Erniedrigungen in den Kauf nehmen wollte‹« (III/830).
In diesem Selbstbekenntnis scheint ein wesentlicher Schlüssel zu der in der Forschung so vieldiskutierten Frage zu liegen, warum Castorps sinnliches Interesse für Chauchat erlischt. Entscheidend ist der Wandel von Chauchats Frauenrolle: In der ersten Chauchat-Episode sucht Castorp eine dominante Frau; nach seiner Erleuchtung im Schnee ersehnt er eine Frau, die die

Qualitäten von »Güte und Liebe« erfüllt, um mit ihr einen Platz in der humanen »Mitte« einzunehmen. Was der Held jedoch vorfindet, ist von der Mitte weit entfernt. Er trifft auf eine domestizierte Frau, deren Moral aus Anpassung und Unterwerfung besteht. Das einstige Idealbild der grausam-erotischen Frau schlägt ins gerade Gegenteil um. Zwischen diesen Polen ist keinerlei geschlechtliche Vermittlung möglich, erst recht keine »Mitte«. Folglich verhält sich Castorp zunehmend apathisch. Deutlichster Ausdruck dafür ist jenes erotische Stillhalteabkommen (»Doppelbündnis«), das er mit Clawdia und Peeperkorn eingeht. Für Clawdia ist Castorp ein »guter Mensch« (III/831) geworden, der seine Sinnlichkeit in einem kameradschaftlichen Bund befriedet; für Peeperkorn wird er zu einem »Bruder« (III/849).

Überträgt man die Bedingungen des Doppelbündnisses auf das Schneeabenteuer, so ist Castorps Vision von Humanität teilweise in Erfüllung gegangen. Mit Peeperkorn einigt er sich in »Güte«.

Aber so hatte er es sich doch gar nicht vorgestellt. Seine Vision von der Herrschaft der Gegensätze synthetisierte ja gerade Leben, Liebe *und* Erotik. Von Chauchat ist eine derartige Synthese nicht zu haben. Folglich bleibt Castorps Bündnis mit ihr ohne wirkliche innere Anteilnahme. Kein ›verweile doch, du bist so schön‹ ist anzutreffen. Eher handelt es sich um eine erpreßte Versöhnung. Der Held hat sich im Verlaufe des Geschehens gewisse Hörner abgestoßen, zu seinem eigentlichen Ziel ist er nicht gelangt. Mit anderen Worten: die erpreßte Versöhnung des Vertragsverhältnisses erlaubt keine Befriedigung des Eros. Zugelassen sind bestenfalls selbstlose Nächstenliebe oder caritative Hilfsbereitschaft. Castorps Vision der humanen »Mitte« vereinte hingegen Altruismus *und* Geschlechtsliebe. Das »Doppelbündnis« besiegelt, daß die Erlösungsutopie einer metaphysischen, gesellschaftslosen Welt angehören muß. Die Probe des Zauberberglehrlings auf sein geliebtes Exempel ist gescheitert. Ja, sie mußte scheitern, denn die gesuchte Frau existiert einzig in der Traumvorstellung. Mme Chauchat eignet sich nicht für eine humane Mitte. Denn sie verkörpert nur das umgekehrte Extrem ihrer ersten Rolle als Domina. Sie ist das unselbständige Bewußtsein, das nach Erniedrigung verlangt. Was im Schnee so hoffnungsfroh aufleuchtete, die Verknüpfung von sorgender Mutter mit der »Durchgängerei« des Todes im Leben, bleibt im weiteren Erzählverlauf aus. Mme Chauchat ist ungeeignet, die Doppelrolle von liebevoller Trösterin und Domina (Mutter und Hure) zu spielen. Castorps Vision eines um die dunklen Tiefen wissenden humanen Lebens ist mit *dieser* Chauchat-Figur nicht einzulösen; bezeichnenderweise nimmt er das formlose »Du« ihr gegenüber zurück und ersetzt es durch das höflich-distanzierende »Sie« (vgl. III/867). So verabschieden sich Hans Castorp und Clawdia Chauchat »im Geiste ehrerbietiger Rücksicht« (III/871).

Lassen sich in der zweiten Chauchat-Episode Bezüge zu Masochs »Venus« aufzeigen? Betrachten wir zunächst Chauchats Credo, einem starken Mann »zu folgen und ihm zu dienen«, für diesen »Erniedrigungen in den Kauf [zu] nehmen«. Derartige Vorstellungen von einem dominanten Mann spricht auch Wanda aus. Sie verlangt nach einem Herren, der sie »durch die Gewalt seines Wesens unterwirft«. Und sie bekennt, »nur denjenigen dauernd lieben [zu können]«, vor dem sie »knien würde« (*Venus*, 34). In dem »Griechen« findet sie ihren Meister. Die Venus erklärt ihrem Leibburschen:

»›Das Weib verlangt nach einem Manne, zu dem es aufblicken kann, einen – der so wie du – freiwillig seinen Nacken darbietet, damit es seine Füße darauf setzen kann, braucht es als willkommenes Spielzeug und wirft ihn weg, wenn es seiner müde ist‹« (*Venus*, 127).

Trotz der gemeinsamen Vorliebe der Chauchat und der Venus für starke Herren, unterscheiden sie sich ganz wesentlich im Hinblick auf ihre geprellten einstigen Liebhaber. Die Venus wird am

Ende des Romans zu einer Sadistin. Voller Lust läßt sie Severin von einem Sadisten, dem »Griechen«, auspeitschen. Von derartigen Verlangen ist Chauchat völlig frei. Sie verhält sich gegenüber Castorp altruistisch und rücksichtsvoll.

Allerdings trifft auch Thomas Manns Frauenfigur, die »Hörige Peeperkorns« (III/804), auf einen Mann mit sadistischen Zügen. Rücksichtslos setzt er weibliche Unterwerfungsbereitschaft voraus. Seine Stammtischphilosophie lautet: »›Den Mann berauscht seine Begierde, das Weib verlangt und gewärtigt, von seiner Begierde berauscht zu werden‹« (III/836).

Zweifellos hätte auch dieser Gouverneur die Devise ausgeben können: »›Hammer oder Amboß‹« (*Venus*, 138). Allein, solchen Wahn möchte Thomas Manns Erzähler nicht gelten lassen. Durch einen Kunstgriff nimmt er der männlichen Figur die Möglichkeit, der Hammer zu sein. Peeperkorn unterliegt nach seinen eigenen Worten der »›Ohnmacht, das Weib zur Begierde zu wekken‹« (ebd.). Der Mynheer verbrämt seine Impotenz[37] mit theologischem Vokabular, er tituliert sie als »Gottesschande« und »kosmische Katastrophe« (III/837). Das Leben hat für ihn den Sinn verloren. In der Einheit von Rausch und Qual, Wollust und Schmerz verschafft sich dieser Leidende einen triumphalen Abgang. Sein Freitod ist keine Verzweiflungstat, sondern eine perfekte Selbstinszenierung. Peeperkorn hat den Tod so einstudiert, als wär's das Leben. Er trinkt Portwein aus silbernem Becher mit seinem Monogramm versehen, er läßt sich eine aus den edelsten Materialien nachgebildete Kobra (»aus Stahl, Elfenbein, Gold und Kautschuk«; III/866) von seinem malayischen Diener reichen. So stirbt nur ein König; ähnlich trat bereits Cleopatra ab. Von »königlichen Züge(n)« des Toten berichtet der Erzähler. Und er gibt Peeperkorn die Haltung von Jesus Christus am Kruzifix. Alle Register der Thomas Mann'schen Erzählkunst sind gezogen: Rausch, Entsagung und Qual, Wollust und Schmerz, dionysische Ideale, Selbstverliebtheit und Untergang, Triumph des Todes und Triumph des Willens zugleich.

Ist es möglich, die Rolle Peeperkorns für Castorp mit der Rolle des »Griechen« für Severin zu vergleichen? Die Herren-Figuren[38] beider Romane tragen mehr oder weniger sadistische Züge. Dennoch besteht ein zentraler Unterschied: Severin muß die Peitsche des Herren kennenlernen, während Castorp zum »Bruder« seines Herren wird. Allein dieser Unterschied ist nicht so diametral wie er auf den ersten Blick scheint. Immerhin werden beide Figuren zu Knechten ihrer Herren. Unterschiedlich sind die Erscheinungsformen der Knechtschaft.

Es ist hilfreich, Severins Verhältnis zum »Griechen« und Castorps Verhältnis zu Peeperkorn auf der Folie von Gilles Deleuzes Interpretation der *Venus im Pelz* zu sehen:

»Wenn es überhaupt zu einem Triumph des sadistischen Mannes kommt wie am Ende der *Venus*, ist es mit dem Masochismus schon aus, so daß, um mit Plato zu sprechen, dieser lieber flieht oder vergeht, als sich mit seinem Gegensatz, dem Sadismus, vereinigt«.[39]

Severin »flieht« bekanntlich vor dem Sadisten, während Castorp Peeperkorn zum Bruder wird. Dieser Sachverhalt trifft allerdings nur vordergründig zu. Denn obwohl Castorp ständig an der Seite seines Herren weilt, flieht er vor ihm; er tritt eine Flucht nach vorn an. Er identifiziert sich so stark mit seinem potentiellen Aggressor, daß er der Männlichkeitskonkurrenz ausweicht. Castorp: »›Ich bin gar nicht männlich auf die Art, daß ich im Manne nur das nebenbuhlende Mitmännchen erblicke‹« (III/811f.).

Der Held des Romans, der, nach dem Willen des Erzählers »eben kein ›Held‹ [war]«, denn »er ließ sein Verhältnis zum Männlichen nicht durch die Frau bestimmen« (III/797), verzichtet freiwillig auf die Frau, zugunsten der verehrten »Persönlichkeit« (III/812). Der durch den Vertragsschluß zum »Bruder« seines Herren Gewordene, ist in Wirklichkeit der Diener seines Herren. Abrufbereit steht er seinem Herren zur Verfügung, und als nach ihm verlangt wird, kommentiert der Erzähler: »Mit verstärkter Energie erklärte er seinen Gehorsam [...]« (III/864).

Castorp ist also – ebenso wie Severin – zum Knecht geworden. Sein Lernprozeß lief freilich ohne Prügel ab, er unterlag der Autorität der charismatischen Persönlichkeit.

Castorps alter ego: Ferdinand Wehsal

Man kann die Gemeinsamkeiten und Differenzen zwischen Severin und Castorp noch deutlicher bestimmen, wenn man eine weitere Figur des *Zauberberg* analysiert: Ferdinand Wehsal, den sogenannten Mannheimer[40]. Wehsal spielt die Rolle von Castorps alter ego. Er spricht jene Begierden ungeschminkt aus, die der auf Konventionen bedachte Castorp nicht artikulieren kann. Wehsal ist eine lern- und erfahrungsunfähige Figur. Er steht für jene Positionen, die der Zauberberglehrling überwunden hat. Da Wehsal seine selbstquälerischen Phantasien nicht auslebt, kann er im Vergleich mit Sacher-Masochs Roman als ein verhinderter Severin gelten.
Auch der »Mannheimer« wirft schon zu Beginn des Romans seine Blicke auf die schöne Pelzdame. Er »hing mit ihnen an Mme Chauchats schmiegsamer Person, und zwar auf eine Art, die scheu und zudringlich bis zum Hündischen war« (III/293)[41]. Wehsal erinnert Castorp an die Gefahr seines eigenen Charakters: Castorps »Empfindungen« gegenüber Wehsal bilden »das sonderbarste Gemisch aus Ekel- und Gemeinschaftsgefühlen«. Diskret wiegelt der Erzähler ab, die Gefühlsambivalenz seines Helden näher auszubreiten:
»Unmöglich, alles zu ergründen und auseinanderzulegen, wenn wir von der Stelle kommen wollen« (III/294).
Eine solche Erzählhaltung findet man in der »Walpurgisnacht« wieder. Denn auch sie soll nicht zu »ergründen« sein, sie bleibt »wortlose Zwischenzeit« (III/483).
Wirft man einen Blick auf die ausgeschiedenen Seiten aus dem *Zauberberg*, so wird das Beziehungsgeflecht zwischen dem

Mannheimer und Hans Castorp eindeutiger. Wehsal belauscht klammheimlich »Castorps Aufstieg«[42] zu Chauchats Zimmer. Während Castorp zur Tat schreitet – und unserer oben entfalteten These zur Folge seinem Fetisch in lebender Gestalt begegnet –, bleibt Wehsal mit langem Hals auf der Treppe stehen.
Auf Spaziergängen trägt Wehsal hingebungsvoll Castorps Paletot. Die »Selbsterniedrigung« ist das Wesen Wehsals, und er sonnt sich in der »Verzweiflungswonne eines Augenblicks« (III/591).
Zweifellos steht er der Figur des wollüstigen Naphta am nächsten; im Duell mit Settembrini wird er zu Naphtas »Ehrengeschäftsträger« (III/973). Zu Wehsals Lieblingsgesprächen gehören »die Probleme der Feuerbestattung, der körperlichen Züchtigung, der Folter und der Todesstrafe« (III/629); begeistert berichtet er, die »Folterkammern von Nürnberg, von Regensburg« zu »Bildungszwecken« (III/634) aufgesucht zu haben. Im Zusammenhang mit der Analyse Naphtas konnten derartige Greuelphantasien bereits auf die Vorbilder in Sacher-Masochs Roman zurückgeführt werden. Im Unterschied zu Severin, der seine »wollüstigen Phantasien« mit seiner Pelzdame auslebt, bleibt Wehsal der ewig Zukurzgekommene. Seine Begierden spielen sich einzig im Bereich der Vorstellungen ab.
Hans Castorp löst sich im Schneeabenteuer von seiner unsittlichen Sympathie mit dem Tode, von »Bosheit und finstere[r] Wollust« (III/686). Um diesen Lernprozeß zu unterstreichen, läßt der Erzähler den lernunfähigen Schwerenöter Wehsal immerfort von der Pelzdame weiterträumen:
»›Jede Nacht träume ich von ihr, ach, was träume ich nicht alles von ihr, es brennt mir im Schlunde und in der Magengegend, wenn ich dran denke! Und immer endet es damit, daß sie mir Ohrfeigen gibt, mich ins Gesicht schlägt und manchmal auch anspeit, – mit vor Ekel verzerrtem Seelenangesicht speit sie mich an, und dann wache ich auf, mit Schweiß und Schmach und Lust bedeckt…‹« (III/857).

Wehsal träumt seine selbstquälerischen Phantasien weiter, um zu demonstrieren, daß Hans Castorp diese überwunden hat.[43]

Todessympathie ohne Pelzdame: »Donnerschlag«

Hans Castorp kann nicht aus eigener Kraft dem Bann des Zauberbergs entfliehen. Erst »Der Donnerschlag« des Kriegsausbruchs führt ihn ins Flachland zurück.[44] Das »Weltfest des Todes« (III/994) nimmt Grundmotive des Romans wieder auf. Wenn Castorp auf dem Schlachtfeld »bewußtlos« und in »stierer, gedankenloser Erregung« (III/993) Verszeilen aus Schuberts Lindenbaumlied singt[45], so verrät das die Kontinuität seiner »Sympathie mit dem Tode«. Der letzte Satz des Romans knüpft an den Sinnhorizont der Schneevision[46] an:
»Wird auch aus diesem Weltfest des Todes, auch aus der schlimmen Fieberbrunst, die rings den regnerischen Abendhimmel entzündet, einmal die Liebe steigen?« (ebd.).
Der Begriff Liebe signalisiert noch einmal den ethischen Kern des Schneetraumes. »Der Satz enthält zwar eine Einsicht, aber er bleibt auch am Schluß des Romans folgenlos.«[47]
Die von Wysling geltend gemachte Folgenlosigkeit der Einsicht erscheint auf dem Hintergrund unserer durchgeführten Analyse konsequent. Denn, so läßt sich *zusammenfassend* sagen, der Zauberberglehrling konnte zwar Schritt für Schritt in erweiterte Bewußtseinsstufen initiiert werden, dennoch treibt ihn nach wie vor seine selbstquälerische Todessympathie. Trotz der besagten Folgenlosigkeit wäre es allerdings ein Mißverständnis anzunehmen, die siebenjährige Zauberbergkur sei für den Helden umsonst gewesen, nur weil sich die Ahnung neuer Humanität nicht einlöste.
Es wurde aufgezeigt, daß Hans Castorp mit Hilfe von Mme Chauchat vom Hippe-Trauma loskommt (»Walpurgisnacht«). Dafür handelt er sich einen neuen Fetisch ein. Das fetisch-be-

setzte Frauenbild konfligiert mit der lebenden Pelzdame. Dieses Grundthema konnte an zahlreichen Stellen auf Sacher-Masochs Roman *Venus im Pelz* bezogen werden. Im Schneeabenteuer erlebte Castorp eine Vision von »Liebe«. In der Wirklichkeit erwies sich diese jedoch als untauglich, da Mme Chauchat ihre Rolle gewechselt hatte. Eine domestizierte Frau verhinderte die Synthese zwischen Leben, Liebe und Erotik. Weder Naphtas asketische Körperknechtschaft noch Settembrinis schöngeistige Sublimierungen des Leidens boten für Castorp einen Ausweg. Das Doppelbündnis mit Peeperkorn und Chauchat fand unter dem Zeichen einer erpreßten Versöhnung statt. Es besiegelte, daß die Erlösungsutopie einer metaphysischen Welt angehört. Dennoch durchlief Castorp auf dem Zauberberg einen Lernprozeß. Das war anhand der Figur des Ferdinand Wehsal abzulesen, dessen Selbsterniedrigungen ungebrochen sind. Der Zauberberglehrling ist durchaus ein anderer geworden, wenn er beim »Weltfest des Todes« die todesverwiesenen Melodien singt. Daß allerdings mit dem Übergang von der erotischen Todessehnsucht (Chauchat) zur Todeserotik der Musik wenig gewonnen ist, führt der Roman auf Castorps Irrweg des Schlachtfeldes geradezu überdeutlich vor Augen.

Nach dem Willen des Erzählers ist Castorps Verliebtheit in die Todesmystik ungebrochen, die ethische Summe am Schluß des Romans bleibt folgenlos. Zugespitzt formuliert das H. Kurzke so: »Hans Castorp wird nicht zum Ingenieur, der etwas Vernünftiges für die Menschheit tut«.[48] Und es darf feuilletonistisch ergänzt werden: Hans Castorp wird nicht zur Ehe und zum sorgenden Familienvater tauglich.

Offenbar befriedigt den Erzähler des *Zauberberg* diese Folgenlosigkeit nicht. Thomas Manns nächster großer Roman *Joseph und seine Brüder* schickt erneut einen jungen Helden auf Irrwege. Joseph tut »etwas Vernünftiges für die Menschheit« (Kurzke). Er wird zum »Ernährer«, zum Lebensspender. Dieser Joseph soll eine Ehe eingehen. Freilich ist der *Josephs*-Roman hinsichtlich

Ideengehalt und Figurengestaltung viel zu komplex, um ihn nur als eine Fortsetzung des *Zauberberg* aufzufassen. Liebeskrank ist nicht die männliche Hauptfigur, sondern eine Frau. Die heimgesuchte Frau des Potiphar Mut-em-enet trägt deutliche Züge einer grausamen Frau. In welcher Beziehung steht diese Frauenfigur zu Mme Chauchat und zu der Venus aus Sacher-Masochs Roman? Bevor wir diesen Zusammenhängen nachgehen, bleibt zu fragen, ob Mme Chauchat für Hans Castorp die Rolle einer femme fatale spielt.

Ist Mme Chauchat eine femme fatale?

H. Wysling vertritt die These, Mme Chauchat sei eine femme fatale:
»Die Chauchat erscheint als femme fatale. Sie hat als Venus viele Männer. Zur Ehe und zur Mutterschaft taugt sie nicht. Sie ist zwar verheiratet, aber ihr Ehemann wohnt irgendwo hinter dem Kaukasus. In seiner Liebe zu dieser asiatischen Schönheit zerbricht Castorp die bürgerlichen Formen; er verfällt, nach der Intoxikation, der Zauberkraft seiner Kirke und gibt damit seiner inneren Neigung zu Faul- und Lotterbett vollends nach.«[49]
Die Venus, von der die Rede ist, wird mit der Venus aus Wagners *Tannhäuser* und mit der Venusstatue aus Eichendorffs Erzählung »Das Marmorbild« assoziiert. Daß Thomas Mann diese Tradition geläufig war, steht außer Frage. Auf dem Hintergrund der oben aufgezeigten Konkordanzen ist darüber hinaus anzunehmen, Sacher-Masochs *Venus im Pelz* habe ebenfalls als Vor-Text gedient.
Es bietet sich daher an, die drei Entwicklungsstufen der Venus (vgl. Kap. 2.5, 2.6) mit Episoden aus Chauchats Leben zu vergleichen. Wir erinnern uns: Die Venus wird von einer Hetäre zur Domina, von dort aus zu einer grausam-bösen Frau. Auf jeder Entwicklungsstufe ist sie von männlichen Figuren umgeben. In

der ersten Stufe von zahlreichen – nicht weiter genannten – Liebhabern, auf der zweiten von ihrem Prügelknaben, auf der dritten von ihrem herrischen Bezwinger. Erst auf der dritten Entwicklungsstufe nimmt sie als Tyrannin Züge einer femme fatale an.

Und Mme Chauchat? Auch sie genießt die Vorzüge der Promiskuität. Dieser ersten Entwicklungsstufe folgt ihr Verhältnis zu Hans Castorp in der »Walpurgisnacht«. Freilich bringt sie das nicht von ihrer Vorliebe für häufig wechselnde Liebhaber ab; das Faschingserlebnis ist eins unter vielen. Dennoch kann man von einer zweiten Entwicklungsstufe sprechen. Bei ihrer Rückkehr auf den Zauberberg hat sich Chauchat grundlegend gewandelt. An der Seite Peeperkorns wird sie zu einer domestizierten Frau (Stufe 3).

Sieht man sich Wyslings These, Chauchat erscheine als femme fatale, auf der Folie der skizzierten Entwicklungsstufen an, so ist sie diskussionsbedürftig. Sicher hat Wysling recht, wenn er feststellt, diese Venus habe viele Männer, sie sei zu Ehe und Mutterschaft untauglich, ihr Mann lebe irgendwo hinter dem Kaukasus. Aber macht sie das zu einer femme fatale? Offensichtlich nicht, denn an keiner Stelle des Romans erscheint die schöne Clawdia als Herzensbrecherin. Von ihrem Ehemann erzählt der Roman so gut wie nichts, die Gattin sucht ihn nur zu Stippvisiten auf. Offen bleibt, ob ihm das aus bestimmten Gründen nicht sogar recht ist. Deshalb läßt sich Chauchats Untreue nur sehr bedingt als Beleg für ihre Rolle als femme fatale anführen.

Ist es gerechtfertigt, Mme Chauchat in ihrem Verhältnis zu Hans Castorp (2. Stufe) als femme fatale zu bezeichnen? In der Walpurgisnacht, so Wysling, »unterliegt er [Castorp, H. R.] den Lokkungen einer kranken Venus«[50]. Zweifellos durchbricht der Held in seiner Liebe zu dieser asiatischen Schönheit die bürgerlichen Formen. Aber darauf war doch sein ganzes Verlangen und sein ganzer Lernprozeß angelegt. Im Kapitel »Humaniora« ist es doch *Castorp*, der ausdrücklich die Form verneint, er ist zum

Liebesabenteuer in der »Walpurgisnacht« reif geworden (vgl. oben Kap. 5). Mme Chauchat ist keine Verführerin, die wie die Venus aus der Tannhäusersage die männlichen Aspiranten ins Verderben zieht. Der Faschingsprinz bekniet sie doch in geradezu wörtlicher Weise, seine erotische Todessehnsucht ausleben zu dürfen: »›et laisse-moi périr, mes lèvres aux tiennes!‹« (III/477). Schließlich geht Castorp ganz und gar nicht daran zugrunde; im Gegenteil, er wird durch die Liebesnacht in einen neuen Bewußtseinszustand initiiert.[51] Er gelangt durch Chauchat zu einer erweiterten Stufe existentialer Erkenntnis: Er kann seine verdrängten homoerotischen Gefühlserinnerungen aussprechen, und er befreit sich durch das Kosten von ihrem »Fleische« vom Hippe-Komplex.[52] Ein deutliches Zeichen dafür ist jene Bank, auf der ihm Hippe im Traum erschien; sie ist fortan sein »Lieblingsort« (III/537). Er kann es sich auf dem Zauberberg einrichten, das Trauma der Jugendliebe ist ausgestanden:

»Pribislav Hippe erschien ihm nicht mehr leibhaftig, wie vor elf Monaten. Seine Akklimatisation war vollendet, er hatte keine Visionen mehr, [...] Deutlichkeit und Lebendigkeit dieses Erinnerungsbildes, wenn es ihm denn vorschwebte, hielten sich in normalen, gesunden Grenzen; [...]« (III/540).[53]

Und eben weil Castorp sein Hippe-Trauma – durch Chauchats handgreifliche Hilfe (!) – fortan in diesen »normalen, gesunden Grenzen« zu halten vermag, kann sie kaum als »verderbliche Versuchung«[54] bezeichnet werden. Clawdia Chauchat erfüllt den Wunsch ihres Liebhabers nach einem besonderen Liebesabenteuer. Das unterscheidet sie von Gerda von Rinnlingen aus der Friedemann-Erzählung. Zwar geht die leidende Gerda eine weite Erzählstrecke auf ihren Leidensgenossen ein, in letzter Minute zieht sie sich jedoch aus der Affäre und entpuppt sich als eine femme fatale (vgl. Kap. 4). In der Gestaltung der weiblichen Hauptfigur des Zauberberg-Romans läßt der Erzähler eine derartige Frauenfigur hinter sich. Mme Chauchat ermuntert ihren

Liebhaber durch eine eindeutige Armgeste zum Schäferstündchen. Sie erkennt sein Leiden an und will es mit ihm auf ihre Art teilen. So erscheint sie eher als eine Partnerin als eine femme fatale.
Als eine Partnerin – wenn auch als eine unterlegene – gibt sie der Erzähler ebenso auf ihrer dritten Entwicklungsstufe zu erkennen. Chauchat teilt hier mit Sacher-Masochs Venus zwar das Verlangen, von einem starken Mann bezwungen zu werden. Allein das veranlaßt sie nicht dazu, ihren einstigen Liebhaber zu quälen, wie es Wanda lustvoll praktiziert (vgl. Kap. 2.6 u. 5.8). Gegenüber Castorp verhält sich Chauchat nicht wie eine femme fatale, wie eine Tyrannin. Eher zeigt sie eine liebenswürdige Offenheit, sie gesteht ihre Schwächen ein. Und sie will Castorp eine Verbündete im Geiste sein. Daß der Zauberberglehrling damit nicht zufrieden sein kann, ist eine andere Sache.

6.
Mut-em-enet: Die »Riesenkätzin« bei den Pyramiden. Zum Roman *Joseph in Ägypten*

Zur Überwindung des Heimsuchungstraumas

Im *Zauberberg* steht die Pelzdame Chauchat zwei männlichen Hauptfiguren gegenüber: Hans Castorp und Mynheer Peeperkorn. Peeperkorn, der Gebieter, hat seine Manneskraft eingebüßt. Der junge Held hofiert ihn schönrednerisch. Zwei Abstürze (»Walpurgisnacht«, »Schnee«) leiten den Zauberberglehrling zu Erweiterungen seines Bewußtseins.

Der Roman *Joseph in Ägypten* aus der Tetralogie *Joseph und seine Brüder* reiht – neben einer Vielzahl anderer Figuren – ein vergleichbares Arsenal von Hauptfiguren auf. Um die attraktive Mut-em-enet versammeln sich zwei männliche Hauptfiguren: Potiphar, ihr impotenter Gebieter, und Joseph, der Knecht mit dem Talent zur Schönrede. Abstürze, die zur Erkenntnis führen, bestimmen den Lebensweg Josephs. Seine Gruben (die Fallgrube seiner Brüder und die Grube des ägyptischen Gefängnisses) bedeuten Abstieg und Aufstieg zugleich. Sie sind die Bewegungsbahnen, die Durchgangsstationen zu seinem Ziel.

Für das Fortschreiben der Zauberberg-Problematik spricht die Dialektik von Konservieren und Verändern. Das Figurenarsenal trägt bekannte Züge, deren spezifische Funktion wird variiert. Männliche und weibliche Zuweisungen wechseln. Joseph folgt Castorps chercher la femme nicht. Eine *Frau* sucht ihr Objekt der Begierde. Mut übernimmt die Rolle der werbenden Liebeskranken. Der junge Joseph soll sich in ihren Netzen verfangen.

Thomas Manns Erzähler wechseln von der zeitgenössischen Thematik des Weltkrieges in die erzählte Zeit des Alten Testaments. Die Zeitsprünge über die Jahrtausende sind gewaltig; die Problematik der Erzählkunst bleibt *und* wird darüber hinausgehen: Heimsuchung und Verführung, Selbstquälerei und deren Überwindung. Der biblische Text liefert einen Aufhänger für den Stoff, um den es dem Erzähler geht. Folglich handelt es sich nicht um einen historischen Roman.

Hans Mayers bereits zitierter These zufolge werden die Frauen in Thomas Manns Werken »in die Funktion verdrängt«. Ebenso wie Mme Chauchat in Castorps Geschichte steht und nicht in ihrer eigenen, ist die Frau des Potiphar eine »Episode, die nicht um ihrer selbst willen behandelt wird«[1]. Die Figur der Mut ist als Gestaltung geschlechtlicher Passion zu verstehen. In Josephs Verhältnis zur Ägypterin »sind die Rollen des Mannes und Weibes vertauscht«. Mut »tritt in der männlichen Rolle des Begehrens auf«[2]. Sie wird – wie auch P. Pütz betont –, »reduziert auf ihre einzige Funktion, als Frau des Hausherren den Fremdling zu verbotener Lust zu verlocken«.[3]

Zahlreiche große Denkbilder sind im *Josephs*-Roman zu neuer Einheit verbunden: das Alte Testament und der Koran, Schopenhauer und Nietzsche, Wagner, Freud und C. G. Jung, Mereschkowski, Bachofen u. a.[4] Zu »tief« und »unergründlich« ist der »Brunnen der Vergangenheit« (*Joseph* I/7), um beweisen zu können, der Erzähler habe ebenso Sacher-Masochs Roman herangezogen. Bemerkenswert ist allerdings, daß der Autor des *Josephs*-Romans und der Autor der *Venus im Pelz* aus einer gemeinsamen literarischen Quelle geschöpft haben: aus Johann Jakob Bachofens Forschungen zum »Mutterrecht«[5]. Sacher-Masoch hatte Bachofens Schriften ausgiebig studiert und als Textvorlage für seine Entwicklungsstufen der Venus herangezogen.[6]

Es kann nicht darum gehen, Gemeinsamkeiten und Differenzen in der jeweiligen Bachofenrezeption darzustellen. Ein solches Vorhaben würde unseren Rahmen sprengen. Es sollen lediglich einzelne Themen und Motive benannt werden, die der *Josephs*-Roman mit Sacher-Masochs *Venus* teilt. Im Vergleich mit den bereits analysierten Texten Thomas Manns sind diese verschwindend gering. Das spricht für die im *Josephs*-Roman erreichte Position des Ideengehalts. Vielleicht entspricht diese Entwicklung Befunden der Thomas-Mann-Forschung, die grundsätzlich darauf hinweisen, daß der Autor zunehmend eine »Freiheit von psychosexueller Determiniation«[7] gewinnt. Der Autor handhabt die Probleme der Psychoanalyse und des Unbewußten zunehmend souveräner und löst sich gleichsam davon.

Zu den signifikanten Textstellen, die einen Vergleich mit Sacher-Masochs Pelzdame erlauben, gehört Josephs »Bedrohung« durch Mut: »Die Riesenkätzin hob die Pranke, und aufs bedrohlichste reckten sich ihre Krallen aus den Sammetgehäusen, ihn zu zerfleischen« (*Joseph* III/541).

Auch die Venus, als »Katze« (*Venus*, 44), »Löwin« (*Venus*, 119) oder »Bärin« (*Venus*, 105) bezeichnet, rekelt sich »in ihrem Sammetpelz« auf »sammetnen Polstern« (*Venus*, 105). Severin sieht sich von ihren »Krallen« bedroht: »ich [hatte] ein seltsames, beklemmendes Gefühl, wie wenn mich ein wildes Tier, eine Bärin umarmen würde, und mir war es, als müßte ich jetzt ihre Krallen in meinem Fleische fühlen« (*Venus*, 80).

Bereits Josephs erste Begegnung mit Mut spielt auf Themen der *Venus* an. Als Sklave in Potiphars Haus beobachtet er, wie seine zukünftige Herrin auf »vergoldeter Stuhlbahre, die rachenoffene Tierköpfe schmückten« (*Joseph* III/159) getragen wird. Die Rollen sind herkömmlich verteilt: die Herrin auf dem goldenen Stuhl, Joseph, der Sklave, wirft sich vor ihr aufs Angesicht. Das erinnert an das Verhältnis Severins vor seiner hochaufgerichteten Pelzdame. Ebenso assoziiert man den jungen Hans Castorp, der in der Walpurgisnacht vor dem »Triumphstuhl« (III/465) Chauchats kniet. Und auch die Arme der schönen Ägypterin erfüllen das bekannte Muster. Von ihrem »Lilienarm« heißt es: »es war ein sehr weißer und wonniger Arm« (*Joseph* III/159).

Aber dieser Joseph ist nur auf den ersten Blick mit seinen devoten literarischen Vorgängern zu vergleichen. Zwar erniedrigt auch er sich vor einer Herrin, allerdings folgt diese Erniedrigung einem äußeren und *nicht* einem *inneren* Zwang. In Potiphars Haus hat sich jeder Sklave der Herrin zu Füßen zu werfen. Das ist alles andere als lustvolle Erniedrigung. So wehrt sich Joseph in den möglichen Grenzen gegen seine Unterwerfung, und er hält, wie der Erzähler berichtet, »in der Erniedrigung die Stirne frei zwischen den auf den Ellenbogen erhobenen Händen, um zu sehen, wovor oder vor wem er Andacht bekundete« (ebd.). Der junge Sklave hält also »die Stirne frei«, d. h. er zeichnet sich durch Klugheit und Freiheit des Geistes aus. Die Körpersprache verweist auf intellektuelle Identität. Diese Szene verdeutlicht, wie wenig die Abhängigkeit Josephs von einer starken Frauengestalt mit den Unterwerfungsgelüsten des kleinen Herrn Friedemann oder des Hans Castorp zu vergleichen ist. Mut ist keine Domina, sie ist eine »Herrin«[8] nach altägyptischem Recht.

Der Terminus »Herrin« signalisiert eine Mischung von männlichen und weiblichen Eigenschaften. Im Rollenverständnis altägyptischer Despotie übt sie herrschsüchtiges Verlangen aus. Sie wirbt aktiv um die Liebesgunst des keuschen Joseph. Um jeden Preis – gesteigert bis zu Mordgelüsten an ihrem Ehemann – will sie den jungen Sklaven gewinnen. Aber diese Anstifterin zur bösen Tat ist zugleich eine Leidende, sie ist Täterin und Opfer in einer Person. Sie erscheint, analog zum Titel von Thomas Manns letzter Novelle, als eine »Betrogene«. Als Vertreterin des ägyptischen Hochadels und jungfräuliche »Mondnonne« des Staatsgottes Ammun-Rê ist sie (gemeinsam mit ihrem Ehemann Potiphar, einem Großeunuchen des Pharaos) zu lebenslangem Triebverzicht verurteilt. Der Erzähler führt sie zwar als »eine verhängnisvolle Person« (*Joseph* III/159) in den Roman ein, er ist jedoch weit davon entfernt, ihr eindeutig die Rolle einer femme fatale zuzuweisen. Denn er bekundet seine mitleidende Sympathie, indem er ausführt, sie müsse »selbstverständlich zur Verführerin«

werden; »das Verführerische ist die Außenseite und physiognomische Erscheinung ihrer Heimsuchung« (*Joseph* III/341).

Die *Heimsuchung* ist bekanntlich ein Grundmotiv der Erzählkunst Thomas Manns. Wie von einer Naturgewalt werden die Protagonisten (Friedemann, Aschenbach, Castorp u. a.) zu verbotener Liebe getrieben. Es ist die Einheit von Geschlecht und Tod. Diesmal wird eine weibliche Hauptfigur davon erfaßt. Der auktoriale Erzähler des *Josephs*-Romans kommentiert:

»Es ist die Idee der Heimsuchung, des Einbruchs trunken zerstörender und vernichtender Mächte in ein Gefaßtes und mit allen seinen Hoffnungen auf Würde und ein bedingtes Glück der Fassung verschworenes Leben. Das Lied vom errungenen, scheinbar gesicherten Frieden und des den treuen Kunstbau lachend hinwegfegenden Lebens, von Meisterschaft und Überwältigung, vom Kommen des fremden Gottes war im Anfang, wie es in der Mitte war« (*Joseph* III/421).

Dies ist der Hintergrund, vor dem Muts verzauberte Verfassung gewertet werden muß. In ihrer Figur sind Rausch und Leiden vereint. Eine derartige Vereinigung findet man allerdings nicht nur bei der ägyptischen Herrin vor. Auch Joseph, der aus Asien, aus Syrien kommende Sklave, ist nicht frei von jenen »asiatischen Neigungen« (*Joseph* III/355) sinnlicher Grenzüberschreitung. Zum wechselseitigen Beziehungsgeflecht, in das Mut *und* Joseph verstrickt sind, gehört, daß *beide* Figuren den »fremden Gott« locken und winken sehen. Beide Figuren setzen, vom Heimsuchungstrauma erfüllt, selbstquälerische Energien frei. Damit ist das Grundthema Sacher-Masochs erneut benannt. Der *Josephs*-Roman, so unsere These, überwindet jedoch auf seine Art diese Thematik. Mut unterliegt den Mächten des schamlosen Trieblebens, damit sich Joseph davon lösen kann. Ihr Leiden bleibt eine Episode in der Geschichte Josephs.

Verfolgen wir zunächst Muts Leidensweg: Die erhitzte Leidenschaft führt sie »In Schlangennot«, wie die bezeichnende Kapitelüberschrift zum Heimsuchungsmotiv lautet. Passiophil beißt sie sich auf die Zunge; jene Zunge, die ihr »aus Stolz und Scham [...] verwehren wollte, [...] dem Sklaven ihr Blut anzutragen, daß er es ihr stille« (*Joseph* III/492). Der mythologische Bezug auf die verführerische Schlange in der Genesis ist unverkennbar. Allerdings ist die Schlange Mut nicht so eindeutig identifizierbar wie das biblische Reptil. Für die Ägypterin ist die Schlange sowohl heiliges Tier, Ausweis der Götter und Könige, als auch giftige Natter.[9] Einige Attribute der Schlange, Verführerin und Todesbotin, mischen sich *in* Muts Natur. Aber die schöne Ägypterin ist nicht nur eine drohende Herrin für den bedrohten Joseph, sie selbst ist eine Bedrohte, das Opfer einer Schlange:

»So rang und kämpfte Mut-em-enet in der Umstrickung ihrer Begierde gleichwie in den Leibesschlingen einer gottgesandten Schlange, die sie umwand und ihr den Atem abpreßte, so daß er keuchend ging« (*Joseph* III/426).

Und Mut ist »mehr als einmal drauf und dran, die Nubierin nach der Giftnatter zu schicken, daß sie sie sich an den Busen lege« (*Joseph* III/449). In Muts ägyptischem Gemüt liefern sich die griechischen Götter Eros und Thanatos eine verfrühte Schlacht. Der Riß durch ihre Zunge geht ganz durch ihre Person. Sie erweist sich als gespaltene Figur, hin und her gerissen zwischen konventionell-moralischen Ansprüchen und denen des Heimsuchungstraumas.

Die Schranken sollen durchbrochen werden. So spielt der Erzähler den Aspekt der Tiermetaphorik weiter aus und läßt Mut als »Löwenweib« erscheinen: »So Mut als Löwin, gänzlich uneingedenk ihrer Wunde und der Schmerzensschnitte, die jedes gewaltsame Wort ihr verursachte« (*Joseph* III/501).

Die Frau als »Schlange« und »Löwin« – davon war bereits in Sacher-Masochs Text die Rede. Thomas Mann *löst* sich von diesen Klischeebildern. Er stellt sie doppelgesichtig dar. Die Löwennatur leidet. Wenn sie durchs Herrenhaus brüllt, erzittert mit dem sklavischen Heer zugleich ihr Inneres.

Auch Joseph sieht den »fremden Gott« der Heimsuchung winken. Nur mit größter Mühe widersteht er ihm. Zittern und Leiden gehen voraus. Letztendlich zieht er sich aus der Affäre; vorab zeichnet ihn der Erzähler als schwankende und wankelmütige Figur, die »noch in voller Versuchung schwebt« (*Joseph* III/481). Josephs Versuchung ist keinesfalls frei von selbstquälerischen Ambitionen und unbestimmtem Todesverlangen. Warum meidet er die Nähe der Herrin nicht so gut er kann? Warum erzählt er Mut-em-enet vom Beispiel des androgynen Dattelbaumes, dessen erotischen Bezug er weiß? (vgl. »Das erste Jahr«; *Joseph* III/427ff.). Zweifellos kennt er den Preis, den er beim Spiel mit dem Feuer zu entrichten hätte. Sollte der ägyptische Hof ein Verhältnis zwischen Joseph und Potiphars Frau entdecken, so wäre der Sklave mit Sicherheit des Todes. Auf der anderen Seite bedroht aber auch Mut ihren Sklaven, sollte er ihrem Liebesverlangen nicht folgen. Muts Beschreibung der Strafe erinnert an Naphtas Synthese von Mordlust und Lustmord, von Mordakt und Liebesakt:

»›Gräßlich ist es, dem Krokodil anheimgegeben zu sein und wehrlos gebunden im Schilfe zu liegen, wenn der Fresser sich gierig naht und sich über dich wälzt mit nassem Bauch, sein Mahl bei den Schenkeln beginnend oder der Schulter, so daß deine wilden Schreie sich mit dem Ächzen seiner Freßlust vermischen, da doch niemand dich Preisgegebenen hört oder hören will‹« (*Joseph* III/543).

Joseph steckt in einer Zwickmühle. Wofür er sich entscheidet, es droht die Todesstrafe. Diese Zwickmühle entspricht seiner inneren Spannung zwischen Todessehnsucht und Liebesverlangen.

Wie stark diese Spannung ist, und wie groß Josephs Bereitschaft ist, sich in Gefahr zu begeben, kommt im Kapitel »Das leere Haus« zum Ausdruck. Er weiß, daß die schmachtende Mut allein im Herrenhaus geblieben ist. Unter dem Deckmantel von ausgedachten Redensarten (z.B. »›Der Letzte zur Schicht – der Erste zur Pflicht‹« (*Joseph* III/587) setzt er sich der Versuchung aus. Es kommt zur Begegnung des Sklaven mit der Herrin. Erst in buchstäblich letzter Sekunde – vor dem Liebesvollzug – zieht der Erzähler seinen Helden aus der Affäre. Joseph schwebt im Magnetfeld seines Widerspruchs; er durchlebt den »Widerspruch zwischen Geist und Körper«. Dazu heißt es:

»Ja, unter den Erwiderungen des Weibes, den gesprochenen und den stummen, stand sein Fleisch auf gegen seinen Geist, so daß er unter den geläufigsten und gescheitesten Reden zum Esel wurde; und was für ein erschütternder, zu erzählerischer Schonung anhaltender Widerspruch ist das: die redende Weisheit, die, schrecklich Lügen gestraft durch das Fleisch, das Bild des Esels bietet!« (*Joseph* III/595).

Das Bild des Esels (gleich zweimal hervorgehoben) erweitert den Aspekt der Tiermetaphorik. Die Herrin erschien bereits in der Gestalt von Schlange und Löwin, Joseph steht nun als Esel da. Zweifellos sind das umgangssprachlich geläufige Vergleiche. Dennoch ist es auffällig, daß alle diese Zuweisungen ebenfalls in Sacher-Masochs *Venus* auftauchen. Hier tituliert sich Severin als jenes dumme Tier. Er formuliert am Ende seiner Geschichte die Erkenntnis, daß er ein »Esel« (*Venus*, 138)[10] war, sich von einer Frau erniedrigen zu lassen. Zu dieser Einsicht gelangt er bekanntlich erst unter den Peitschenhieben eines strengen Herren, des »Griechen«.

Joseph entgeht einer derartigen Bestrafung. Allein um zur Erkenntnis zu kommen, stehen auch ihm große Herren zur Seite. Sie strafen nicht, aber sie mahnen eindringlich. In der Stunde der Verführung richtet sich ein doppeltes Vaterbild, ein »Denk- und Mahnbild« vor ihm auf, »Jaakobs Züge vermischten sich darin mit Potiphars Vaterzügen« (*Joseph* III/596). So folgt Joseph dem »fremden Gott« der Heimsuchung nicht. Im Streit zwischen Begehren und Widerstand leitet väterliche Autorität zur Besonnenheit, der Erzähler betreibt »die perfekte Heimsuchungs-Verhinderung«[11].

Unter der Schirmherrschaft einer Aufklärung von oben inszeniert der Roman eine Lossagung vom Dunkel des Leidens. Josephs Weg zu männlicher Reife ist nicht frei von Herrschaftsgelüsten. Der Erzähler erläutert,

»[...] daß seine [Josephs, H. R.] erweckte Männlichkeit nicht wollte ins leidend Weibliche herabgesetzt sein durch einer Herrin männisches Werben, nicht Ziel, sondern Pfeil sein wollte der Lust, – [...]« (*Joseph* III/474).

Travestieren die Bestimmungen, Joseph wollte »nicht Ziel, sondern Pfeil sein« Sacher-Masochs Dualismus im Kampf der Geschlechter? Severin gibt am Ende seiner Aufzeichnung die Losung aus: »›Jetzt haben wir nur die Wahl, Hammer oder Amboß zu sein, und ich war der Esel, aus mir den Sklaven eines Weibes zu machen, [...]‹« (*Venus*, 138).

»Hammer oder Amboß«, »Ziel« oder »Pfeil« – wie kann es bei derartigen Dualismen zu einer geglückten Versöhnung der Geschlechter kommen? Der *Josephs*-Roman bietet eine erpreßte Versöhnung an. Der Erzähler läßt seinen Helden eine vom Vaterrecht gestiftete Pflichtehe führen. Hier waltet bürgerliche Pflichterfüllung, Liebe stellt sich bestenfalls als eine Anstrengung guten Willens ein:

»Selbstverständlich steht bei einer solchen von anderen beschlossenen Staatsheirat die Liebe nicht am Anfang der Dinge; sie hat sich zu finden und findet sich mit der Zeit zwischen gut gearteten Wesen« (*Joseph* IV/255).

Josephs Vernunftehe: eine erpreßte Versöhnung

Vergleicht man Josephs Entkommen von der Heimsuchung und das visionäre Erscheinen väterlicher Autoritäten mit Hans Castorps Schneeabenteuer, so ergeben sich über das gemeinsame Thema der Vision hinaus wichtige Differenzen. Im »Schnee« gewinnt Castorp durch das Bild der *Muttergottes* Einsicht in sittliches Verhalten. Joseph hingegen erscheint die Autorität *väterli-*

cher Vernunft. Vom *Zauberberg* zum *Josephs*-Roman wechseln mütterliche und väterliche Autoritäten.

Dieser geschlechtsspezifische Wechsel gehört auch zum Verhältnis von Castorp zu Chauchat bzw. von Joseph zu Mut. Castorp erwartet von Chauchat ein – geradezu väterliches – Strafgericht zur Restitution seiner Selbstachtung. Die russische Pelzdame erfüllt ihm diesen Wunsch. Zwar verlangt Joseph auf seinem Weg in »Das leere Haus« keine direkte Bestrafung durch eine Frau, er schwebt aber, wie gezeigt, zwischen Todessehnsucht und Liebesverlangen. Aus diesem Konflikt erlöst ihn das »Mahnbild« des Vaters. Erfuhr Castorp sein (ersehntes) Strafgericht in der Figur einer Frau, so erscheint Joseph eine männliche Gerichtsfigur. Diese bestraft den Sohn nicht, sie führt ihn durch Mahnung zur Einsicht. Mit einem Wechsel von weiblichen zu männlichen Autoritätsfiguren ist es nicht getan. Joseph besteht seinen Konflikt *im Inneren*. Der Erzähler hat die strafende Domina hinter sich gelassen, fortan thematisiert er einen *Gewissenskonflikt*.

Freilich entgeht auch Joseph seiner Bestrafung nicht. Allein diese erfolgt aus der Sicht väterlichen Verständnisses. Potiphar spricht kein Todesurteil, er schickt seinen Schützling ins Inselgefängnis Zawi-Rê. Der Weg des Helden in seine zweite Grube ist ein Durchgangspunkt zur Erhöhung: Joseph wird zum Traumdeuter des Pharao und zum »Ernährer«. Während Hans Castorp nur die Vision eines human-gesitteten Lebens erschien, holt Josephs steile Karriere diese in den Lebensvollzug ein. Der »Ernährer« rettet durch seine Arbeit das ägyptische und das eigene Volk.

Allerdings bleibt Josephs Glücksweg beschränkt. Er findet sein Glück nur in der Öffentlichkeit. Privates Glück, Liebeserfüllung, ist für ihn nicht vorgesehen. Joseph heiratet nicht aus eigener Überzeugung. In einer von anderen beschlossenen »Staatsheirat« (*Joseph* IV/255) wird ihm die vernünftige Asnath zugeschoben. Nach dem Willen des Erzählers ist Josephs Ehe nicht mit dem glücklichen Bund seiner Eltern (Jaakob und Rahel) zu vergleichen. Trotz aller Generativität (Joseph zeugt Söhne) bleibt

geschlechtliche Versöhnung aus. So endet diese »schöne Geschichte und Gotteserfindung« (*Joseph* IV/551) mit einer erpreßten Versöhnung: mit einer Vernunftehe.
Fassen wir zusammen: Joseph konnte dem Sog des Chaos zwischen Todessehnsucht und Liebesverlangen ebenso standhalten wie der von Mut ausgehenden Verlockung, sich gehenzulassen. Es war ihm möglich zu widerstehen, weil väterliche Vernunft aushalf. Außengeleitete Vernunftgründe bewegen ihn zur Eheschließung. Fortan schwärmt er von rationalistischer Ökonomie. In Josephs Vernunftehe und seiner rastlosen Arbeit ist die hergebrachte Thematik von Thomas Manns Erzählern, der Kampf eines Helden mit seinem besonderen Sexualverlangen, zum Schweigen gebracht worden. So steht am Ende des *Josephs*-Romans ein Bekenntnis zur Lebensfreundlichkeit und eine Absage an Bestrafungs- und Destruktionsgelüste, an jene »Sympathie mit dem Tode«. Es erscheint eine erlösende Synthese:
»Sinn für den Tod allein schafft Starre und Düsternis; Sinn für das Leben allein schafft platte Gewöhnlichkeit, die auch keinen Witz hat. Witz eben und Sympathie entstehen nur da, wo Frömmigkeit zum Tode getönt und durchwärmt ist von Freundlichkeit zum Leben, diese aber vertieft und aufgewertet von jener. So war Josephs Fall; so waren sein Witz und seine Freundlichkeit« (*Joseph* IV/237).
Im Menschheitsoptimismus des *Josephs*-Romans sind die selbstquälerischen Ambitionen Castorps und der Helden der frühen Erzählungen endgültig überwunden. Von hier aus kann Thomas Mann parodistisch mit den Leidenschaften seiner frühen Erzählfiguren umgehen. Das trifft besonders für jene Teile des Romans *Die Bekenntnisse des Hochstaplers Felix Krull* zu, die der Autor im hohen Alter verfaßte. Erneut ist eine Liebesepisode mit einer Pelzdame, Mme Houpflé, gestaltet. Lassen sich im *Krull*-Roman auch Indizien dafür finden, daß Thomas Mann Themen und Motive aus Sacher-Masochs *Venus im Pelz* parodistisch nachahmt?

7.
Mme Houpflé. Pelzdame und Parodie.
Zum Roman *Bekenntnisse des Hochstaplers Felix Krull*

Die Pelzdame Houpflé als Zurücknahme der Venus im Pelz

Es ist in der Thomas-Mann-Forschung wiederholt betont worden, daß der Krull-Roman eine ganze Reihe von Themen und Motiven aus dem Werk seines Autors parodiert; ebenso gilt dieser Roman als Parodie des Künstlertums und der Gattung der Bekenntnisliteratur.[1] Darüber hinaus sei die These aufgestellt, der Autor parodiere neben seinen früheren Erzählfiguren zugleich deren mögliche Textvorlage: Sacher-Masochs Roman *Venus im Pelz*. Während die frühen Texte Thomas Manns mehr oder weniger deutlich auf Inhalte, Formulierungen und Motive der *Venus* verweisen, der *Zauberberg* das Beziehungsgeflecht der Requisiten hinter dem Mummenschanz karnevalistischen Treibens versteckt, erlaubt sich der parodistische Roman eine weit deutlichere Affinität mit der Vorlage des Namenspatrons des Masochismus.[2]

Über den parodistischen Charakter des *Krull*-Romans hinaus argumentiert H. Koopmann, daß das Weltverständnis des Helden »in literaturhistorische Kategorien so wenig einzupassen ist wie in erkenntnisphilosophische«. Deshalb schlägt er vor, von »Durchheiterung« zu sprechen. Gemeint ist damit »ein distanziertes, weises, dabei humanes Verhältnis zur Welt, ein Ausdruck wohl auch der Freiheit des Gemüts. [...] Die Durchheiterung betrifft das Weltverhältnis als Sieg des Menschen über die Widrigkeiten seiner Umwelt«.[3]

Auf dem Hintergrund der Kategorie der Durchheiterung kann unsere These erweitert werden. Der *Krull*-Roman zeichnet nicht nur ein spielerisch distanziertes Gegenbild zu den selbstquälerischen Schwerenötern der früheren Werke Thomas Manns, er zeugt ebenso von der »Freiheit des Gemüts« gegenüber der Problematik der *Venus* Masochs.

Felix Krull ist im wahrsten Sinne ein Belami, der das Glück im Leben und bei den Frauen gepachtet hat. Die Figur liest sich wie eine Zurücknahme (besser: souveräne Überwindung) der Lebensgeschichten des Bajazzo, des kleinen Herrn Friedemann, des Rechtsanwalts Jacoby, des Gustav von Aschenbach oder des Hans Castorp. Felix, der Glückliche, wie es bereits die Namensgebung will, ist der Glücksfigur des Märchens nachempfunden.[4]

Wie dem Märchenhelden auf seiner Bahn des Siegs eine helfende Fee erscheint, so begegnet auch Krull in seiner Geschichte eine gabenspendende Frau: die Pelzdame Mme Houpflé. Gleichsam über das Wissen von Märchenfiguren und deren Schicksal verfügend, nennt sie Krull einen »holde[n] Dümmling« (*Krull*/190). In ihrer Figur vereinen sich eine Märchenerzählerin, eine Märchenfee und eine Märcheninterpretin zu parodistischer Einheit. In diese Einheit sind Bezüge aus Sacher-Masochs Roman eingeschmolzen. Sie lassen sich in den einzelnen Begegnungen Krulls mit Houpflé wiederfinden: Krulls *erste* Begegnung mit Mme Houpflé findet, ganz wie es ein Märchen will, an einer Scheidemarke statt. Es ist die Grenze zwischen Deutschland und Frankreich. Der Erzähler stattet die Frau mit den klassischen Requisiten (Fetischen) der Venus aus, mit Pelzwerk und Hut. Eine »Dame mittleren Alters« betritt »im Nerzmantel und in einem mit Reiherfedern garnierten glockenförmigen Sammethut« (*Krull*/134) die Erzählbühne. Und ihre Gaben hat sie dem Märchenhelden gleich mitgebracht. Auf wundersame Weise wandert ihr Schmuckkästchen zu Krull. Der Erlös aus dem unfreiwilligen Schmuckdiebstahl legt einen wichtigen Grundstein für seine

Hochstaplerkarriere. Die Begegnung mit Mme Houpflé ist also keine beiläufige Episode der Handlung.[5] Krulls *zweite* Begegnung mit Mme Houpflé findet in jenem Hotel in Paris statt, in dem er als Liftboy tätig ist. Der Held fühlt sich zur Pelzdame hingezogen, »mit einem Herzklopfen, das nicht der Süßigkeit entbehrte«. Sein Blick gilt den markanten Requisiten: Mantel und Hut (vgl. *Krull*/165). Vice versa: Der Pelzdame gefällt nicht nur Krulls Staffage, bei ihrem *dritten* Zusammentreffen fasziniert sie seine Persönlichkeit. Sie zieht Krull einem anderen Fahrstuhlführer vor. In der *vierten* Begegnung wird der Höhepunkt der Handlung vorbereitet. Mme Houpflé betritt Krulls Lift in charakteristischer Tracht, »in einer sehr schönen, langschößigen Nerzjacke diesmal und einem Barett aus dem gleichen Pelzwerk« (Krull/183). Nur wenige Minuten später wird sie den Pagen zu einem Schäferstündchen einladen, oder besser gesagt: sie *ordert* ihn zu einem solchen Rendezvous. Krull meistert die Situation auf seine Art. Er zeigt sich ebenso anpassungsfähig wie überlegen, ausgerüstet mit einem Stand- und einem Spielbein. So verbeugt er sich »ehrerbietig«, zeigt jedoch in dieser Verbeugung »etwas von einer Aufforderung zum Tanze« (ebd.).

Der folgende Erzählstrang spielt über die Fetische hinaus weiter auf Sacher-Masochs *Venus im Pelz* an. Analog zur Pelzdame Wanda, die Severin den Dienstbotennamen Gregor verpaßt, versieht auch Thomas Manns Pelzdame ihren Liftboy mit einem neuen Namen. Sie nennt ihn den »neue[n] Armand«, ganz so, wie Krulls Vorgänger hieß. Im Gegensatz zur Severin-Figur Masochs ist es allerdings nicht die Pelzdame, die ihrem Gespielen den Namen eines Knechts erstmals gibt. Ebensowenig verpackt Mme Houpflé Krull in Dienstbotenkleidung. Beides geschah bereits vorher durch Anweisung der Hoteldirektion, begleitet von Krulls heiterer Zustimmung. Severins Einwilligung ins Diktat des Namens- und Kleiderwechsels erregte in ihm hingegen alles andere als Heiterkeit, ihn schüttelten unheimliche Angstzustände. Thomas Manns Spiel mit Motiven des *Venus*-Romans sorgt also von

Beginn an für ein distanziert-ironisches Verhältnis von Herrschaft/Knechtschaft.

Das Hotelzimmer Houpflés ist ganz im Sinne der Wanda eingerichtet. Man blickt auf das bekannte Ambiente:

»[...] ein luxuriöses Schlafzimmer, parkettiert, mit großem Perserteppich, Kirschholzmöbeln, blitzendem Gerät auf dem Toilettetisch, einer breiten, mit gestepptem Atlas bedeckten Messing-Bettstatt und einer grausamtenen Chaiselongue« (*Krull*/184).

Innerhalb dieser Kulisse erobert Krull sein Spielfeld. Als er von Houpflé aufgefordert wird, »ihr das erwärmte, mit Seide gefütterte Pelzwerk von den Schultern zu streifen, [...] sprach sie das Wort:

»Du entkleidest mich, kühner Knecht?« (*Krull*/185).

Während dem Knecht Severin das Pelzwerk »Grauen« (*Venus*, 21) einflößt, bleibt Krull »verblüfft, aber gefaßt« (*Krull*/185). Der Erzähler ahmt unter Beibehaltung des kennzeichnenden Fetischs das Verhältnis des Knechts Severin zu seiner Pelzdame nach, allerdings mit gegenteiliger Intention: Krull lernt das Fürchten nicht. Abermals durchbricht der Erzähler das schablonenartige Verhältnis von Herrschaft und Knechtschaft.

Die *fünfte* Begegnung Krulls mit Mme Houpflé bildet den Kern der Episode. Man findet fast unzählige Beispiele für Verwandlungsmöglichkeiten früherer Erzählfiguren Thomas Manns und der Venus Sacher-Masochs. Betrachten wir zunächst Thomas Manns Venus, Mme Houpflé. Eine lasterhaft schwüle Atmosphäre hüllt sie ein: »Das Zimmer lag im rötlichen Halbdunkel des seidenbeschirmten Nachttischlämpchens, von dem es allein erhellt war« (*Krull*/187).

Mme Houpflé liegt »unter purpurner Atlas-Steppdecke«, »in der prächtigen Messing-Bettstatt«, »nahe dem dicht verhangenen Fenster« (ebd.). In einem ähnlich roten Halbdunkel hält sich auch Masochs Wanda mit Vorliebe auf. In ihre florentinische Villa fällt das Licht durch eine »rote Glaskuppel«, auf »ein Ruhe-

bett aus roten, sammetnen Polstern«, davor »türkische Teppiche« (*Venus*, 105). Ihr Thron, die Ottomane, steht in einem durch schwere »Portière« (*Venus*, 131) verhangenen Raum.
Natürlich findet man diese Welt der Kulissen und Dekors nicht nur im erzählten Raum der *Venus*. Das Rotlicht steht umgangssprachlich für ein Milieu. Dirnen halten sich dort auf. Ganz so – oder ähnlich – wie in Masochs Klassiker beschrieben, peitschen sie ihre Freier. Vorher wollen die Flagellanten beschimpft sein.
Thomas Manns Pelzdame kehrt das Verhältnis von Beschimpftsein und Beschimpftwerden um. Sie begrüßt Felix als einen »Hausangestellten«, einen »Domestik«, einen »jungen Mann vom Gesinde« (*Krull*/188). Unbeeindruckt von diesen Beschimpfungstiraden nähert sich der Lebenskünstler »ihrem Lager«. Mit den tänzerischen Worten: »›Sie haben den Wunsch geäußert, Madame –‹« (ebd.), geht er auf die geworfenen Würfel ein. Diesmal ist es nicht ein Knecht, der erniedrigt und beleidigt werden möchte. Die Pelzdame schlüpft in die Rolle des Flagellanten. Sie trägt Krull verschiedene Wünsche an:
»›Duze mich derb zu meiner Erniedrigung!‹« (Krull/189).
Oder:
»›Ich heiße Diane. Du aber, mit deinen Lippen, nenne mich Hure, ausdrücklich ›du süße Hure‹!‹« (Krull/190).
Und jetzt bekennt eine Pelzdame einem männlichen Objekt ihre Liebe zu schönen Armen, zum Statuenfetischismus, zum »Wunschbild« (*Krull*/193) von Schönheit: »›Die Brust so süß in ihrer weichen und klaren Strenge, der schlanke Arm, die holden Rippen, eingezogenen Hüften, und ach, die Hermes-Beine...‹« (*Krull*/191). Ihr erotisches Verlangen gipfelt in der Bitte: »›Da liegen deine Hosenträger, nimm sie, Liebster, drehe mich um und züchtige mich aufs Blut!‹« (*Krull*/194).
Das Verhältnis zwischen Krull und Houpflé ist jedoch nur vorläufig durch einen Wechsel der hergebrachten sexuellen Rollen zu erklären. Nach dem Willen des Erzählers *spielen* die literarischen Figuren ihre Rollen. Sie verwandeln sich in ihre eigenen

Doppelgänger. In der blendenden Erscheinung des Doubles variieren sie ihre Täuschungsmanöver, sie nehmen sich zurück und stellen sich wieder auf. Mme Houpflé ist eine Künstlerin. Unter ihrem Pseudonym Diane Philibert schreibt sie Romane. Wie sie erklärt, handelt es sich dabei um Bücher »voll Seelenkunde, pleins d'esprit, et des volumes de vers passionnés...« (*Krull*/ 190f.). Diese Künstlerin hebt den das Frühwerk Thomas Manns beherrschenden Antagonismus von Geist und Leben auf. Im Leben inszeniert sie sich zur eigenen Artistin, die Wirklichkeit dient ihr als Bühne. Sie will das Leben nur als Poesie erfassen: »›Ich lebe in meiner sogenannten Verkehrtheit, in meines Lebens Liebe, die allem zum Grunde liegt, was ich bin (...)‹« (*Krull*/ 193).

In Diane Philiberts Einbildungskraft ist Krull eine Kunstfigur, die in ihren Versen weiterleben soll. Ihr Bekenntnis entspricht dem Weltverhältnis des Hochstaplers. Denn dieser lebt ebenso in den Gespinsten seiner Phantasie, er empfindet seine Handlungen eigentlich als Kunstvorgänge. Halten wir fest: die beiden fiktiven Figuren leben in ihren jeweiligen Fiktionen; sie betrachten sich selbst und das Gegenüber als Kunstfiguren.

Krulls ästhetische Existenz macht allerdings jenes Spiel mit den Hosenträgern nicht mit. Gleichwohl verhilft er der Pelzdame doch noch zu ihrem Glück. Er versöhnt sie durch seine Beichte des Schmuckdiebstahls. Denn er weiß, daß es der Dame ein angenehmer Genuß sein muß, mit einem Dieb verkehrt zu haben. Eine derartige Vorstellung entzückt die Künstlerin in der Tat so sehr, daß sie Krull zu einem weiteren Spiel einlädt, aus dem er seinen Vorteil schlagen soll. Gemeinsam inszenieren sie einen neuen Juwelendiebstahl, bei dem jeder der Partner gewinnt. Krull, Herr des Spiels und spielender Knecht in einer Figur, wird fürstlich mit Schmuck entlohnt. In Mme Houpflés Figur treffen die Rollen von Herr und Knecht ebenfalls zusammen. Als Erfinderin und Regisseurin des Spiels ist sie eine Herrin. Als Bestohlene wird sie – im objektiven Sinne – zur Magd des Glückes ihres

Mitspielers. Allein dabei gewinnt sie. Sie wird durch die Illusion belohnt, von einem Pagen erniedrigt worden zu sein.
Hermann Schreiber ist m. E. der einzige Interpret, der auf einen Zusammenhang der Houpflé-Episode mit Sacher-Masochs Roman hinweist.[6] Schreiber setzt den selbstaufgezwungenen Vertrag Severins mit der gewollten Selbsterniedrigung der »feinen Dame« gleich. Er argumentiert, beide Figuren seien »nicht wirklich unterlegen, aber sie brauchen diese Illusion«.[7] Sicher trifft es zu, daß Diane Philibert diese »Illusion« braucht. Ihr Gewinn besteht ja in der Einbildung, mit einem Dieb verkehrt zu haben. Dennoch reicht es nicht aus, die Figuren Thomas Manns und Sacher-Masochs nach dem Maßstab ihrer jeweiligen Unterlegenheitsillusion zu vergleichen. Damit ist lediglich ein gemeinsamer inhaltlicher Aspekt getroffen, der den *Kunst*charakter des Krull-Romans nicht näher berücksichtigt. Entscheidend ist nämlich: Mme Houpflé braucht nicht nur die Illusion des Betruges, sie durchlebt diese Illusion bereits *als* eine Illusion. Sie lebt in ihrer eigenen »Verkehrtheit« und weiß um deren Gründe. Als Künstlerin und eigene Kunstfigur mischt sie die Karten einer verkehrten Welt neu, sie spielt das Spiel des Spiels. Auf ihrem Spielfeld, der »prächtigen Messing-Bettstatt«, treibt sie es wie Krull später auf dem Tennisplatz. Hier bekennt der Ich-Erzähler, daß »ich mit dem Spiele mein Spiel trieb und es gar nicht ernst zu nehmen schien« (*Krull*/370).
So emanzipiert sich Thomas Manns Pelzdame vom illusionären Unterlegenheitszwang. Ganz anders als Masochs Severin, der fest in seine Triebstruktur eingeschreint ist, verkörpert die Künstlerin Philibert Rollendistanz und freie Gemütsverfassung. Ihre Ambitionen werden zu ihrem Spielball. Mit Hilfe der Vorstellungskraft begreift und reguliert sie den Willen. Damit entspricht diese Figur den Kriterien der Kategorie »Durchheiterung«. Houpflé/Philibert zeigt »ein distanziertes, weises, dabei humanes Verhältnis zur Welt, ein Ausdruck wohl auch der Freiheit des Gemüts«. Betrifft die Durchheiterung »das Weltverhält-

nis als Sieg des Menschen über die Widrigkeiten seiner Umwelt«[8], so ist zu ergänzen, daß mit der Figur der Diane Philibert zugleich der Triumph eines Menschen über die Widrigkeiten seiner *Innen*welt gestaltet ist. Ihre Verwandlungskünste erlauben freien und selbstbewußten Umgang mit Sonderformen sexueller Lust.

Wenn es stimmt, daß dem *Krull*-Roman Sacher-Masochs *Venus im Pelz* als Vorlage diente, so hebt die »Durchheiterung« der Houpflé-Episode diesen auf. Zu untersuchen bleibt, ob eine derartige Aufhebung auch auf Thomas Manns Frühwerk zutrifft.

Die Pelzdame Houpflé als Zurücknahme der Pelzdamen im Werk von einst. Krull schleicht »mit Katzentritten«

Vergleicht man die Gestaltung der Mme Houpflé mit Frauenfiguren aus Thomas Manns frühen Erzählungen, so fallen eine Reihe von Gemeinsamkeiten auf. Zentral steht ihre Vorliebe für Pelze. Dazu paßt die Zeichnung der Haarerotik. Alle Frauen tragen – ganz wie Masochs *Venus* – einen geflochtenen »Haarknoten« (*Krull*/188).

Darüber hinaus wird eine wichtige Differenz sichtbar: Während man im Frühwerk auf blutjunge weibliche Figuren trifft, ist die Pelzdame des *Krull*-Romans mit ihren »vierzig Jahren« (*Krull*/134) fast doppelt so alt. Sie ist ebenfalls zweimal so reich an Jahren wie der Hochstapler. Man hat es mit einem gestandenen Frauenzimmer zu tun, mit einer Mutterfigur.

Es ist wiederholt betont worden, daß Houpflé, die Spenderin des Schmucks, den jungen Krull wie eine Mutter[9] versorgt. Die lebensspendende Freundlichkeit Houpflés steht in einem direkten Gegensatz zu den weiblichen Figuren der frühen Erzählungen. Gerda von Rinnlingen, Anna Rainer oder Amra Jacoby – sie alle werden letztendlich zu Zerstörerinnen: Sie treiben die heimliche Todessehnsucht ihrer Liebhaber über das eigentliche Ziel hinaus. Aus den kalten Frauen von einst ist im *Krull*-Roman eine Persönlichkeit geworden, von der mütterliche Wärme ausgeht. Auch der Blick des Begehrens hat die Position gewechselt: Objekt ist nun ein Mann (Krull), Subjekt die Frau. Dennoch wäre es zu einseitig, von vertauschten Rollen zu sprechen. Die gestandene Pelzdame durchlebt keineswegs noch einmal die Liebespein des Bajazzo, des Friedemann oder des Rechtsanwalts Jacoby. Wie bereits aufgezeigt, hebt ihr spielerisches Verhalten den Rollenantagonismus im Kampf der Geschlechter auf.

Innerhalb derartiger Spuren verläuft ebenso die Lebensgeschichte des glücklichen Hochstaplers. Das Sonntagskind nimmt bereits in seiner ersten Begegnung mit dem anderen Geschlecht das Schicksal des kleinen Herrn Friedemann zurück. Friedemanns alkoholsüchtige Amme säuft Kochspiritus, der Säugling fällt vom Tisch und wird zum Krüppel. Der erste Satz der Novelle verkündet die Schuldzuweisung: »Die Amme hatte die Schuld« (*SE*, 60). Krull hingegen darf seine orale Phase voll auskosten; die Frauen bedienen ihn. Er ist »ein gesundes, wohlgestaltetes Kind, das an dem Busen einer ausgezeichneten Amme aufs hoffnungsvollste gedieh« (*Krull*/12).

Krulls Erlebnis mit seiner Amme ist nicht nur als eine geglückte Umkehrung von Friedemanns Fatum zu werten. Es durchheitert zudem das gestörte Verhältnis von Sacher-Masochs Held Severin zu seiner Ziehmutter. Auch seine erste Beziehung mit der Frauenwelt verlief konfliktbeladen, er »verschmähte die gesunde Brust der Amme«, man mußte ihn »mit Ziegenmilch nähren« (*Venus*, 39).

Es ist anzunehmen, daß die erotischen Syndrome des Zauberberglehrlings Hans Castorp ins Kunstspiel des *Krull*-Romans übernommen wurden. Aus dem konfliktbeladenen Paar Castorp/Chauchat ist das Künstlerpaar Krull/Houpflé geworden. Zur besseren Orientierung schicken wir unsere These voran: Die Verwandlungskünste Krulls und Houpflés erlauben es, in ihnen bekannte Züge von Chauchat und Castorp wiederzufinden. Die

Vereinigung des Vielfältigen mag zudem Aufschluß über die »wortlose Zwischenzeit« des *Zauberberg*-Romans geben, über die Ereignisse in der »Walpurgisnacht«.

Läßt man Castorps erstes Zusammentreffen mit Mme Chauchat noch einmal Revue passieren, so erinnert man sich an die dezidierte Zeichnung ihrer Haarerotik. Chauchat tritt auf »mit rötlichblondem Haar, das sie einfach in Zöpfen um den Kopf gelegt trug« (III/110). Es scheint, als zitiere der *Krull*-Roman aus dem *Zauberberg*. Von Mme Houpflé heißt es: »Sie hatte ihren Haarknoten zur Nacht gelöst und die Flechten auf eine sehr kleidsame, lockere Art kranzförmig um den Kopf gewunden« (*Krull*/188).

Eine weitere Übereinstimmung findet man in der »Walpurgisnacht«, in der Chauchat einen »Zopf als Kranz um den Kopf geschlungen« (III/474) hatte.

Auch das Liebesgeständnis Houpflés gegenüber ihrem »petit esclave stupide« (*Krull*/190) liest sich wie ein Zitat aus dem *Zauberberg*. Houpflé werden Worte in den Mund gelegt, die Hans Castorp bereits ähnlich formulierte:

»›Willst du glauben, Geliebter, daß ich nur dich, immer nur dich geliebt habe, seit ich empfinde? Will sagen, natürlich nicht dich, doch die Idee von dir, den holden Augenblick, den du verkörperst?‹« (*Krull*/192).

Castorps Liebesgeständnis, ebenfalls durch den Wechsel zwischen der französischen und deutschen Sprache geprägt, lautete:

»›Je t'aime‹, lallte er, ›je t'ai aimée de tout temps, car tu es le Toi de ma vie, mon rêve, mon sort, mon envie, mon éternel désir…‹« (III/476).

In den jeweiligen Bekenntnissen findet ein Rollenwechsel der Geschlechter statt, ebenfalls ein Wechsel der Nationalsprachen; allein der Gehalt bleibt derselbe. Beide Male geht es, über die Liebe zu einer konkreten Person hinaus, um das Verlangen nach einem Wunschbild, das seit jeher gekannt und erträumt wurde.

Castorps »éternel désir« trifft mit Houpflés Empfindungen merklich überein. Seine Begegnung mit der Geliebten, die er von Ewigkeit zu Ewigkeit duzt, geht zurück auf ein langgehegtes Traumbild.

Wie genau die Houpflé-Episode an den *Zauberberg* anknüpft, beweist das amouröse Verwiesensein der Pelzdame auf junge Knaben. Dergleichen vertrage sich nicht mit einer Ehe. Mme Houpflé gesteht:

»›Aber traurig ist es freilich und schmerzensreich für eine Frau, den Mann nur ganz, ganz jung, als Knaben nur zu lieben. C'est un amour tragique, irraisonnable, nicht anerkannt, nicht praktisch, nichts fürs Leben, nichts für die Heirat« (*Krull*/193).

»Irraisonnablement« (III/476) – so hatte bereits Castorp sein Begehren bezeichnet. Es ist ebenfalls nichts für einen Ehebund. Weder Hippe noch die kranke Chauchat taugen dafür.

Darüber hinaus eröffnet Houpflés Geständnis, ihr Liebesverlangen nicht sinnvoll mit einer Heirat verbinden zu können, Bezüge zur Lebenspraxis von Mme Chauchat. Beide Pelzdamen sind nur formal verheiratet. Ihre Gatten finanzieren ihr verwöhntes Luxusleben aus der Ferne. Der Klosettschüsselfabrikant Houpflé wohnt in Straßburg, Chauchats Gatte irgendwo hinter dem Kaukasus. Wie unterschiedlich diese Männer ihre Rolle als Hahnrei auch akzeptieren mögen, fest steht, daß ihre Frauen eine Reihe von Gemeinsamkeiten haben: Sie sind ungebunden, verantwortungslos und nicht treu, sie haben keine Kinder. Ihre Erotik steht im Zeichen des Pflichtvergessenen. So könnte über den Liebesverlangen von Chauchat und Houpflé die Überschrift lauten: Libertinage.

Aber eine derartige Überschrift gilt nur vorläufig. Denn bei allen Gemeinsamkeiten sticht die Sonderrolle Houpflés hervor. Der Erzähler gibt ihr ja das Selbstbewußtsein, ihre erotischen Sonderwünsche freimütig zu artikulieren. Sie trägt diese – im Gegensatz zu ihren männlichen Vorgängern – ohne jede Form von Unterwürfigkeit oder Scheu vor. Unbefangen und keck, als wäre es die selbstverständlichste Sache der Welt, verlangt sie nach Züchtigung durch die Hosenträger. Sie »darf«, wie Hans Mayer grundsätzlich hervorhebt, »sorglos das Glück« genießen.[10] Diese Exceptionalität verbindet sie mit dem Narziß Krull, dem die Sorge ebenso fehlt.[11] Beide Figuren übertreten unbekümmert die Grenzen konventioneller Sexualmoral. Als Figuren der Grenzüberschreitung stehen sie keinesfalls außen vor. Keine Skrupel der Sündhaftigkeit, von denen Hans Castorp so tief gebeutelt war, vermiesen ihnen das Vergnügen. Mme Houpflés Erniedrigung ist frei von haßerfüllter Selbstleugnung. So wird sie nach dem Willen des Erzählers belohnt und erhöht. Ihr Lohn besteht aus den Wonnen einer Außergewöhnlichkeit, aus dem Genuß, einen Beischlafdiebstahl erlebt zu haben. Und auch Krull kommt ja nicht zu kurz. Straffrei darf er sich mit Schmuck und Bargeld bedienen. So sind die hergebrachten Mächte der Dekadenz, der Triebhaftigkeit, des Todes und des »Willens« im heiteren Spiel der Rollen zurückgenommen. Als Rollenträger sind Houpflé und Krull aller Sorge und Selbstinfragestellung enthoben, sie dürfen glücklich sein, sie sind Erwählte.

Für Rollenvariation und parodistische Bearbeitung der Motive aus dem früheren Werk steht besonders Houpflés Aufforderung zum Diebstahl: »›Schleich herum mit Katzentritten im Zimmer und mause! Nicht wahr, du wirst deiner Diane diese Liebe erweisen!‹« (*Krull*/196).

Jetzt soll eine männliche Figur den Katzenpart übernehmen. Die Katzen Gerda von Rinnlingen, Clawdia Chauchat oder Mut-em-enet erscheinen im schleichenden Krull als heitere Umkehrung. Keine Gefahr, kein drohender Abgrund geht von diesen »Katzentritten« aus. Der Schleicher macht aus den Absturzgeschichten von einst einen Siegeszug der Kunst über die Realität.

Da Krull im Liebes-Diebesspiel die Rolle einer Katze übernimmt und Mme Houpflé die Rolle der glücklichen Unterwürfigen, haben wir es offenbar mit einer verschachtelten Umkehrung des Verhältnisses Castorp/Chauchat aus der »Walpurgisnacht« zu tun. Hier gab der unglückliche Hans Castorp den Unterwürfigen ab. Die warme Katze (= Chauchat) lud zum Liebesspiel ein. Die Einzelheiten darüber gehören nach dem Willen des Erzählers zur »wortlosen Zwischenzeit«. Diese Zeit erscheint jedoch auf dem Hintergrund der Houpflé-Episode in einem neuen Licht. Die aufgezeigte Strukturidentität (die parodistische Übernahme von Inhalten und Formulierungen aus dem *Zauberberg* im *Krull*-Roman) läßt die Möglichkeit nicht abwegig erscheinen, die Ereignisse in Houpflés Schlafzimmer ahmten die Ereignisse in Chauchats Schlafzimmer karikierend nach. Allerdings erzählen einzig die *Bekenntnisse* des Hochstaplers von sexuellen Ausschweifungen und vom Wunsch nach Züchtigung. In Erinnerung sei jedoch Settembrinis prophetische Warnung gerufen, Castorp werde »auf allen vieren gehen« und »zu grunzen beginnen« (III/345). Einen direkten Beleg dafür spart der Roman aus. Sollte die »wortlose Zwischenzeit« etwas damit zu tun haben? Vermutungen und Hypothesen bleiben bestehen. Ganz so wollen es Thomas Manns Erzähler.

Für die These, der *Krull*-Roman ahme die verzweifelte Liebesgeschichte aus dem *Zauberberg* karikierend nach, läßt sich ein abschließender Beleg finden. Das Gespräch Krulls mit Professor Kuckuck zitiert die Unterhaltung zwischen Castorp und Hofrat Behrens. Abermals ist die Rede von chemischen Substanzen, die die Grundlage des Lebens bilden, von Fleisch und Blut, von Zellen, Drüsen und vom Gewebe, »vom glasig-schleimig[en] Klümpchen des Urwesens« (*Krull*/289). War Castorp »Feuer und Flamme für dies Gespräch« (III/361), so bekennt Krull, ebenso engagiert, er finde es »packend« (*Krull*/291). Über diese Thematik hinaus bringt der Hochstapler ein signifikantes *Motiv* seines Erzählers ins parodistische Spiel ein, den erotisch aufgeladenen schönen *Frauenarm*. Krull: »›Aber nehmen Sie einen reizenden vollschlanken Frauenarm, wie er uns, wenn wir Glück haben, wohl umschließt, [...]‹« (*Krull*, 292).

Erzitterte Castorp – und die früheren Erzählfiguren Thomas

Manns – lust- und grauenvoll vor diesem Strafe androhenden Körperteil, so ist die erotisch-ästhetische Existenz des Hochstaplers nicht aus der Bahn zu werfen. Er thematisiert das Problem (das für ihn keines mehr ist) von sich aus. Hans Castorp war bekanntlich schon durch die mephistophelischen Anspielungen des Arztes auf fetischistische Wünsche zur Aufgabe der Form genötigt. Krull hingegen widerspricht nicht einmal, wenn ihm die Zusammenhänge auf den Begriff gebracht werden. Professor Kuckuck: »›Es scheint mir, lieber Marquis, ein gewisser Extremitätenkult [sic!] bei Ihnen vorzuliegen‹« (ebd.).

Der Held des späten Romans ist ein gelehriger Schüler. Bildsam wie er ist, nimmt er Kuckucks heiteren Hinweis gegenüber dem Leben an. Er will »in Zukunft daran denken [...], ohne Bitterkeit, ohne Ernüchterung, vielmehr mit Herzlichkeit«, was ihm die All-Sympathie des weisen Mannes so heiter offenbart:

»›Was aber den vollschlanken Frauenarm angeht, so sollte man bei dieser Gliedmaße sich gegenwärtig halten, daß sie nichts anderes ist als der Krallenflügel des Urvogels und die Brustflosse des Fisches‹« (ebd.).

Kuckucks freundliche Worte zum Leben in jeglicher Gestalt lassen sich als Gegenentwurf zu all den angstbesetzten Existenzen im früheren Werk Thomas Manns lesen. Sie verweisen auf menschliches Wissen von der Vorläufigkeit der Widrigkeiten. Sein Bekenntnis zur All-Sympathie gehört sicher *allen*: den Prügelknaben und den Pelzdamen.

Anmerkungen

Anmerkungen zur Einleitung

1 Wysling, 1987, S. 373.
2 Vaget, 1984, S. 39.
3 Ebd.
4 Ebd., S. 37.
5 Ebd.
6 Heftrich, 1991, S. 14.
7 Anderson, 1988.
8 Eine Analyse dieser Thematik ist vom Verfasser in Vorbereitung.
9 Folgende Arbeiten über den Stellenwert der Erotik in Thomas Manns Werk sind zu nennen: Sommerhage, 1982; Curtius, 1984; Wysling, 1982; Vaget, 1982; Lubich, 1986; Busch, 1987; Härle, 1988; Baumgart, 1989a, 1989b; Dierks, 1990; Böhm, 1991; Härle (Hg.), 1992.
10 Dierks, 1990, S. 287.
11 Adorno, 1973, S. 26.
12 Ebd., S. 20.

Anmerkungen zu Kapitel 2

1 Deleuze, 1980, S. 171.
2 Zt. n. Farin, 1985, S. 101. Farin merkt ebd. editionskritisch an: »In allen mir bisher zugänglichen Publikationen wird als Publikationsort der erstmaligen Beschreibung des Phänomens Masochismus bei gleichzeitiger Begriffsnennung Krafft-Ebings Buch *Psychopathia sexualis*, Stuttgart 1886, angeführt. Dies ist unrichtig: Erst 1890 taucht der Begriff Masochismus im Werk Krafft-Ebings auf, und zwar in dem Buch *Neue Forschungen auf dem Gebiet der Psychopathia sexualis*, Stuttgart: Ferdinand Enke 1890, (S. 2).«

3 Krafft-Ebing, 1907, 13. Auflage, S. 99 f.
4 Schrenck-Notzing, 1892.
5 Sacher-Masochs Privatsekretär Carl Felix von Schlichtegroll liefert in seinem Werk »Sacher-Masoch und der Masochismus« (1901) eine ausführliche Bibliographie; vgl. ebd., 1901, S. 202 ff. Vgl. ferner Federmann, 1961; Farin, 1987.
6 Farin, 1991, S. 99.
7 Deleuze, 1980, S. 166. – Wir übernehmen diesen Befund zur Rezeptionsgeschichte, ohne ihn ausführlich prüfen zu können. Verwiesen sei auf die Darstellung der zeitgenössischen französischen Kritik bei Farin (1987, S. 57 ff.). So muß es Spekulation bleiben, ob die »slawische Seele« Masochs ein Vorbild für Settembrinis Warnung vor der Unzucht des Ostens ist. – Auch heute gehört in Frankreich das Werk Sacher-Masochs zum festen Bestandteil der Grundlagenforschung zur Kunst des Fin de siècle; vgl. Jullian, 1971, S. 115.
8 W. v. Sacher-Masoch, 1906.
8a Vgl. Wagner, 1982, S. 141.
9 Praz, 1988, S. 13 (Das italienische Original erschien 1930).
10 Ebd., S. 184.
11 Vgl. Kreuzer, 1968; Hermand, 1972; Koppen, 1973; Bauer u. a., 1977; Rasch, 1986.
12 Fischer, 1978, S. 58 u. 110, vgl. Stein, 1984, S. 15.
13 Vgl. Schmidt, 1964, S. 193 f.; Alker, 1969, S. 635 ff.; Johnston, 1972, S. 240 f.; Klanska, 1991, S. 56 ff.
14 Himmel, 1963, S. 278 f. Himmels knapper Verweis auf Storm, Heyse und Turgenjew wäre es sicher wert, weiter ausgeführt zu werden.
15 Ebd. – Ob dieses Motiv in *Venus im Pelz* allerdings vorherrscht, ist fraglich. Am Schluß dieses Kapitels soll das umfassend problematisiert werden.
16 Ebd., S. 279.
17 Bittrich, 1981, S. 373.
18 Vgl. Griebisch/Gugitz, 1964, S. 344 f.; Wilpert, 1976, S. 599; Albrecht u. a., 1975, Bd. 2, S. 241; Böttcher, 1987, S. 502 f.; Killy 1991, Bd. 10, S. 98 f. (= Farin, 1991).
19 Spinek, 1949.
20 Federmann, 1961.
21 Braun, 1978.
22 Perutz, 1981.
23 Schreiber, 1969.
24 Deleuze, 1980; vgl. Noyes, 1989; Noyes, 1990.
25 Treut, 1984.
25a Koschorke, 1988.
26 Farin, 1987.
27 (Anonym): Schwer hörig. In: *Der Spiegel*, 27. Januar 1986, Nr. 5, S. 184.
28 Hans Daiber: Aufklärer im Pelz. In: *Die Zeit*, 24. Januar 1986, Nr. 5, S. 50.
29 Zitate im Text oben fortlaufend nach: Sacher-Masoch, 1980.

30 G. Deleuze (1980, S. 205) vergleicht die Entwicklungsstufen der *Venus* mit den drei Stadien, die Bachofen in seiner Studie zum *Mutterrecht* herausarbeitet. Das ist von besonderer Bedeutung, da auch Thomas Mann im Joseph-Roman auf Bachofens Ergebnisse rekrutiert (vgl. dazu Kap. 6).

31 Hooft, 1971, S. 10.

32 Deleuze, 1980, S. 195 f. – Auf dem Argumentationshintergrund von Deleuze ist es ausgeschlossen, Masochs Roman als »Geschichte einer sadomasochistischen Liebe« zu lesen, so wie sie Heider (1986, S. 29) auslegt.

33 Selbst wenn man akzeptiert, daß die Frau auf ihrer dritten Entwicklungsstufe eine »sadistische Herrin« ist, so bleibt die Argumentation, mit der Hooft den Sadismus begründet, weiterhin grundsätzlich falsch. Er schreibt ja, Masochs »Frauenfiguren sind vollendet sadistische Herrinnen über restlos masochistische Männersklaven«. Das verkennt, daß genau in dem Moment, als Wanda zur Sadistin wird, sie ihre Rolle als Venus im Pelz ausgespielt hat. Der vom Griechen durchgewalkte Severin ist nun kein »masochistischer Männersklave« mehr, er gesundet doch unter der Peitsche. Mit einer Sadistin kann der Prügelknabe nichts mehr anfangen.

34 Deleuze, 1980, S. 203.

35 Vgl. Praz, 1988.

36 Vgl. die ausführliche Darstellung bei Mayer, 1975, S. 31 ff.

37 Rasch, 1986, S. 77.

38 Wilde, 1975, S. 49.

39 Hilmes, 1990, S. 10.

Anmerkung zu Kapitel 3

1 Belegen läßt sich Thomas Manns Kenntnis der beiden Sexualwissenschaftler erst für einen späteren Zeitpunkt. In den »Betrachtungen eines Unpolitischen« macht er – aus Gründen, die hier nicht ausgeführt werden können – auf »ein Gemengsel aus Nietzsche und Krafft-Ebing« aufmerksam und spricht von einem »Wechselspiel von Sadismus einerseits und Masochismus andererseits« (XII/326). Schrenk-Notzing wird von Thomas Mann persönlich zu spirituellen Sitzungen aufgesucht. 1924 beschreibt er seine »Okkulte[n] Erlebnisse« (X/139 f.).

2 Thomas Mann, 1975, S. 30 (Brief vom 5. 3. 1895).

3 Ebd., S. 80 (Brief vom 8. 11. 1895).

4 Ebd., S. 61.

5 Ebd., S. 265.

6 Thomas Mann, 1991, S. 21 (Notizbücher).

7 Vgl. Fischer, 1978, S. 102 f. – In Huysmans Roman zieht sich der Held zuneh-

mend vom weiblichen Geschlecht zurück, da sich seine »Impotentia praecox [...] angesichts der frostigen Zärtlichkeiten« einer Frau vermehrt (Huysmans, 1992, S. 134).

8 Bahr, 1890, S. 153.

9 Ebd., S. 63.

10 Ebd., S. 152.

11 Fischer, 1978, S. 110.

12 Vgl. Lehnert, 1968, S. 19; Vaget, 1984, S. 38, 54, 70, 141 f., 144 ff.

13 Vgl. dazu ausführlich Davian, 1984, S. 75 ff.; Müller, 1977, S. 20 ff.; Farkas, 1987, S. 63 f.

14 Bahr, 1897, S. 104 – Bahr tituliert Masoch als einen »seltsamen, bunten, unheimlichen Zauberer« (ebd.). Bekanntlich gab sich Thomas Mann einen Spitznamen: der Zauberer. Ist dieser Zusammenhang nur ein Zufall?

15 Ebd.

16 Ebd., S. 106 f. – Bahrs Abrechnung mit Sacher-Masoch entspricht der eigenen mit dem Roman »Die gute Schule«. Im Vorwort zur 2. Auflage schreibt er: »Als ich dieser Tage, um die Korrekturen zu machen, die ›gute Schule‹ wieder las, ist es mir seltsam ergangen, Das soll ich einmal gewesen sein? So hätte ich einst empfunden, so gesprochen? [...] So ganz anders als heute, mir selber nicht mehr begreiflich nach kaum acht Jahren? Wie ist das möglich? Dies frage ich mich und weiß nicht recht, soll ich mich schämen, wie ich damals war, oder leise bedauern, daß ich es nicht mehr bin« (Bahr, 1898, S. I).

17 Vgl. Schmidt, 1985, Bd. 2, S. 239 ff.

18 Thomas Mann, 1991, S. 182 (Notizbücher).

19 Bahr, *Sacher-Masoch*. In: *Die Zeit* (Wien), Bd. 2, Nr. 25, vom 23.3.1895, S. 187 f.; zitiert nach Wunberg, 1976, S. 490. – Bahrs Artikel ist in Wunbergs Edition nur fragmentarisch abgedruckt, zum vollständigen Text vgl. Farin, 1987, S. 191–193.

20 Thomas Mann, 1975, S. 49.

Anmerkungen zu Kapitel 4

1 Thomas Mann, 1975, S. 75 (Brief vom 23.5.1896).

2 Hirschbach, 1975, S. 7.

3 Dettmering, 1969, S. 12 f.

4 Anton, 1981, S. 498 f.

5 Baumgart, 1989b, S. 23; vgl. auch Wiegmann, 1992, S. 41.

6 Böhm, 1991, S. 140.

7 Heftrich (1982, S. 31) weist diesen Zusammenhang nach. Auch wenn er die Peitsche nicht aus der Requisitenkammer Sacher-Masochs holt, so zeigt

er dezidiert auf, daß dieses Instrument für Friedemann eine Signalwirkung ausübt.

8 Baumgart, 1989a, S. 9.

9 Ebd.

10 Ebd., S. 11.

11 Ebd., S. 12.

12 Vgl. Leroy/Pastor, 1991, S. 338ff.

13 Baumgart, 1989a, S. 20.

14 Kluge, 1967, S. 493.

15 Ebd., S. 494.

16 Ebd., S. 492.

17 Ebd., S. 489.

18 Vgl. Lehnert, 1968, S. 51ff.; Kurzke, 1991, S. 56ff.

19 Vgl. Schröter, 1964; Vaget, 1970; Pütz, 1971; Fischer, 1978; Bürger, 1979; Rasch, 1986.

20 Der Name der Titelfigur wird mit Ruggiero Leoncavallos Oper *I Pagliacci*, deutsch: *Der Bajazzo* in Verbindung gebracht (vgl. Vaget, 1984, S. 65). Der Psychoanalytiker Theodor Reik interpretiert die Grimassen von Leoncavallos Held als »sonderbare Vermengung von Zeigen- und Verbergenwollen«: »Jenes Lachen soll aber das Leiden nicht nur verbergen; es soll es auch verraten. Das Lachenmachen aber ist eine besondere Art masochistischer Befriedigung der komischen Person« (Reik, 1977, S. 107). Dieser Hinweis stützt zwar die Annahme, Thomas Manns Held habe masochistische Neigungen. Zur Auslegung des Ideengehalts reicht das jedoch nicht aus. Denn der Leidenscharakter des Bajazzo ergibt sich aus seinem *sozialen* Außenseitertum. Im Gegensatz zur dargestellten Bürgerwelt sehnt sich der Bajazzo – um so verzweifelter – danach, die Kunst als Teil einer sinnvoll gelebten Existenz geltend zu machen. Sein Scheitern steht stellvertretend für das Schicksal von Erkennenden, die dagegen protestieren, die Sinnlichkeit des Menschen auf einen einzigen Sinn zu reduzieren, den des »Habens« (Marx).

21 Pütz, 1971, S. 237.

22 Masoch, 1991, S. 16 [Hervorhebung H. R.].

23 Baumgart, 1989a, S. 10.

24 Kurzke, 1991, S. 55.

25 Baumgart, 1989a, S. 10.

26 Ebd.

27 Kluge, 1967, S. 503.

28 Heftrich, 1982, S. 28.

29 Ebd., S. 34.

30 Deleuze, 1980, S. 188.

31 Ebd.

32 Treut, 1984, S. 169.

33 Ebd., S. 170.

34 Ebd.
35 Ebd.,/Zum »Suspense« vgl. Reik, 1977, S. 79ff.
36 Reik, 1977.
37 Deleuze, 1980, S. 188.
38 Lehnert, 1968, S. 51.
39 Vaget, 1984, S. 56.
40 Deleuze, 1980, S. 188.
41 Heftrich, 1982, S. 39. Heftrich arbeitet dezidiert heraus, daß die Sphinx in einer Erzähleinheit mit der Säulenallee und den Obelisken in Gerdas Garten steht. Die Sphinxgestalt gebe der Frau eine mythologische Komponente, durch die sie nicht mehr nach moralischen Kategorien beurteilbar werde, sie stehe »jenseits von Gut und Böse« (ebd.).
42 Lehnert, 1968, S. 60.
43 Vgl. Vaget, 1984, S. 91ff.
44 Dierks, 1990.
45 Rasch, 1986, S. 80.
46 Vgl. Fourrier, 1960, S. 68f.
47 Vgl. Kurzke, 1991, S. 55: »Gerda bricht ja Friedemanns Lebensrolle ganz bewußt auf.«
48 Dedner, 1992, S. 91.
49 Masochs Rahmenhandlung steht unter der Überschrift »Bekenntnisse eines Übersinnlichen«. Als Motto werden die (leicht variierten) Verse Mephistos aus *Faust* zitiert: »›Du übersinnlicher Freier, / Ein Weib nasführet dich!‹« (*Venus*, 17). Übersinnlichkeit meint hier soviel wie überfleischlich, übergeschlechtlich. Unter eine analoge Losung stellt auch der Autor Thomas Mann seine Novelle, wenn er in einem Brief an Grautoff die »Sehnsucht nach neutralem Nirvana« als deren »Grundton« (Thomas Mann, 1975, S. 75, Brief vom 23.5.1896) bezeichnet. Auf dem Hintergrund dieser Selbstinterpretation wird ein weiteres Mal ein gemeinsamer Ideengehalt der Friedemann-Erzählung mit der »Venus« erkennbar. Das soll nur angedeutet werden. Ebenfalls nur angedeutet werden soll die in den Briefen an Grautoff wiederholt vorgetragene Klage über die Last des Geschlechtlichen, der sich der Autor mitunter durch Reisessen und ähnlichen Kuren zu entledigen suchte. Das ist Privatsache – und soll es bleiben!
50 In einem Gegensatz dazu steht Amra Jacoby aus der Erzählung »Luischen«. Langfristig berechnend plant diese femme fatale eine Demütigung ihres devoten Gatten, selbst wenn sie von seinem Tod überrascht ist. Vorher ließ der Rechtsanwalt jedoch alles bereitwillig mit sich machen. Er ließ sich quälen, betrügen und erniedrigen. Wir können das hier nur andeuten. – Die Symptome der Unterwerfungsbereitschaft schreibt Thomas Mann in späteren Erzählungen fort, so in »Ein Glück« (1904) und in »Anekdote« (1908). Verwiesen sei auf die Analyse von G. Reiß, der diese Erzählungen als »Beispiele masochistischer Liebe« (Reiß, 1975, S. 77) interpretiert.

51 Zit. n. Wysling/Fischer, 1975 S. 19f.
52 Grimm, 1971, S. 317.

Anmerkungen zu Kapitel 5

1 Mayer, 1984, S. 263.
2 Baumgart, 1989b, S. 62.
3 van Beers, 1986, S. 581.
4 Mayer, 1984, S. 263.
5 Koopmann, 1983, S. 50.
6 Frizen, 1981, S. 317.
7 Wysling, 1989, S. 107; ders., 1990, S. 406.
8 Kristiansen, 1986, S. 159f.
9 Vgl. Tyroff, 1975, S. 179f.
10 Freud, 1975, S. 55.
11 Ebd.
12 Ebd., S. 55f.
13 Hippes Bleistift lädt überdeutlich zu sexueller Ausdeutbarkeit ein. Das geht in das Gewebe der Leitmotive des Romans ein, in dem fast jedes Lebensdetail erotisiert wird: die horizontale Lage, das Fieberthermometer und die geliebte Zigarre gehören dazu. Diese leitmotivischen Anspielungen sind ausführlich dargestellt worden: Frizen, 1981; Böhm, 1991, S. 355; Kurzke, 1991, S. 189.
14 Vgl. Kristiansen, 1986, S. 185; Scharfschwerdt, 1967, S. 149.
15 Reiß macht in diesem Zusammenhang auf ein »allegorisierendes Beziehungssystem« des Erzählers aufmerksam (vgl. Reiß, 1970, S. 103).
16 Bornemann, 1969, Bd. 2, S. 535; vgl. dazu das Kapitel »Fetisch-Formen« bei H. H. Holz, 1972, S. 124ff.
17 Bornemann, 1969, Bd. 1, S. 75.
18 Diese Schrittfolge arbeitet Kristiansen anhand der Kategorien von »Form und Unform« heraus. Er sieht in Castorps Verzicht auf die Form seinen Durchbruch zur »ungehemmte(n) Triebentfaltung« (vgl. Kristiansen, 1986, S. 187).
19 Vgl. Treut, 1984, S. 150ff.
20 Vgl. Heftrich, 1975, S. 129ff.; Kristiansen, 1986, S. 180ff.
21 Heftrich, 1975, S. 130.
22 Thomas Mann wird im *Krull*-Roman der Pelzdame Houpflé ein Outfit geben, bei dem Pelz und Seidenfutter eine eigentümliche Einheit annehmen (vgl. dazu Kap. 7).
23 Aschenbach sah nur die Winke des verbotenen Gottes, zu dem er keine Ansprache finden konnte. Sein Tod war in der Venedig-Erzählung konsequent.
24 Vgl. Lubich, 1986, S. 125ff.; Kurzke, 1991, S. 200f.

25 Der Hinweis von Kristiansen (1986, S. 193), Castorp habe bereits »auf den Knien« (III/476) vor Chauchat die Befürchtungen Settembrinis erfüllt, erscheint wenig plausibel. Denn Castorp kniet, »den Kopf im Nacken«. Auf »allen vieren« ist er so noch lange nicht.

26 Die Beziehung Hans Castorps zu seiner »Glasplatte« erinnert an den zum Käfer verwandelten Gregor Samsa, der zum »Bild der in lauter Pelzwerk gekleideten Dame [kroch]« und »sich an das Glas [preßte], das ihn festhielt und seinem heißen Bauch wohltat« (Franz Kafka, *Die Verwandlung*, 1970, S. 81 f.).

27 Die Bezeichnung »Altar« ist bei Dotzler (1991, S. 116) zu finden.

28 Vgl. Kurzke, 1991, S. 205. Das Röntgenbild von Chauchats Brustkorb, jener »Schattenpfand« (III/486), gehört mit dem Stichwort »Schatten« zum Hades-Motiv. »Schatten sind die Toten im Hades, sind infolgedessen die Bewohner des Zauberberges generell« (ebd., S. 199).

29 Vgl. dazu ausführlich: Kristiansen, 1986, S. 252 f.

30 Vgl. Kurzke, 1991, S. 202 f. und die dort angegebene Literatur. Vgl. Huysmans, 1992, S. 89 f.

31 Lubich, 1986, S. 138; vgl. ebd., S. 141, S. 145.

32 Kurzke, 1991, S. 204.

33 Ebd.

34 Ohl, 1983, S. 478.

35 Vgl. die bereits oben zitierte Passage aus der »Venus« (S. 138):
»›Daß das Weib, wie es die Natur geschaffen und wie es der Mann gegenwärtig heranzieht, sein Feind ist und nur seine Sklavin oder seine Despotin sein kann, *nie aber seine Gefährtin*. Dies wird sie erst dann sein können, wenn sie ihm gleich steht an Rechten, wenn sie ihm ebenbürtig ist durch Bildung und Arbeit.‹«

36 Prinzipiell drückt Wysling das Verhältnis von Castorp zu Peeperkorn so aus: »Er entdeckt dabei eine neue Art des Eros: die imitatio des Großen« (Wysling, 1990, S. 416). Vgl. auch Jendreick, 1977, S. 314.

37 Diesen Sachverhalt kann man natürlich auch vornehm ausdrücken. In einem solchen Sinne versagt Peeperkorn vor der »Unmittelbarkeit« einer »gefühlsvermittelten Ganzheitserfahrung« (Ohl, 1983, S. 478).

38 Wie in Kap. 2.4 erwähnt wurde, spielt Sacher-Masochs Roman auf Hegel an. Offensichtlich ist die literarische Figur des »Griechen« an Hegels Bestimmungen von Herrschaft/Knechtschaft orientiert. Die Pelzdame schreibt Severin, ihr »starke[r] Mann« sei »im Duell gefallen« (*Venus*, 137). Hegel zufolge bleibt einem Herren, nach dem er den Knecht unterworfen hat, die Möglichkeit übrig, sich im Duell mit anderen Herren zu messen. Auch der Tod Peeperkorns trägt Züge des Kampfes mit einem Herren. Natürlich ist es ein Suizid, aber dennoch ist es ebenso ein Kampf mit der dionysischen Gottheit, die er als »Heidenpriester« (III/863) vor dem Wasserfall so eindringlich beschworen hatte. Peeperkorns dionysische Gottheit der »Manneskraft« schlägt ihn selbst mit Versagen.

39 Deleuze, 1980, S. 213.

40 Der Name Wehsal verweist überdeutlich auf seine »Elendstiefen« (III/792). Tyroff (1975, S. 200) charakterisiert ihn treffend als »Jammermensch«. Nur zu vermuten bleibt, warum Thomas Mann diese Figur ausgerechnet aus *Mann*heim kommen läßt. Sollte der ironische Erzähler seinen Autor mitbedacht haben wollen?

41 Bereits im Rahmen unserer Analyse der frühen Erzählungen konnten hinreichende Textbelege angeführt werden, die den Helden der *Venus im Pelz* in der bezeichnenden Rolle des Hundes vorführten. Der Rechtsanwalt Jacoby und andere Figuren waren diesem Schnittmuster nachgezeichnet. Da Wehsal erneut das »Hündische« verkörpert, kann ein kontinuierlicher Topos in der Erzählkunst Thomas Manns geltend gemacht werden.

42 »Nachdem er [d. h. Castorp, H. R.] die Treppe gewonnen, blieb das Klavierzimmer eine kleine Weile leer. Dann kehrten aus dem Schreibzimmer der Mannheimer und die Lehrerin zurück, die nicht ganz fortgegangen waren. Die Lehrerin zog ihre Schultern so hoch, daß sie bucklig erschien, und hielt sich die hohle Hand vor den Mund. Des Mannheimers Aeußeres war lauter Verfall, und das war eine ganz schlechte Gangart, worin er der trippelnden Lehrerin zur Thür des Klavierzimmers folgte, um mit ihr Hans Castorps Aufstieg zu belauschen, der nicht über zwei Treppen führte, sondern nur über eine.« Vgl. J. F. White, The Yale *Zauberberg*-Manuskript, 1980, S. C 572.

43 In der Thomas-Mann-Forschung ist aufgezeigt worden, daß Wehsals Wortschatz der Schopenhauerschen Geschlechtsmetaphysik entstammt (vgl. Frizen, 1981). Ebenso wird geltend gemacht, Wehsal sei »von sado-masochistischem Typus« (Kurzke, 1991, S. 191). Diese Aussagen haben sicher ihre Berechtigung. Doch jene Verquickung, die durch den Begriff des Sado-Masochismus erscheint, tritt in der Figur des Wehsal nicht auf. Denn er spielt nur die Rolle des Opfers und nicht die des aktiv Quälenden. Im Vokabular der Psychoanalyse ausgedrückt, wäre Wehsal als Masochist zu bezeichnen, nicht als Sado-Masochist. Grundsätzlich muß man bei der Rückführung der literarischen Figur Wehsal auf die Begrifflichkeit Schopenhauers und auf die Kategorien der Psychoanalyse die Frage stellen, ob hinsichtlich philosophischer und ästhetischer Darstellung nicht ein unterschiedlicher Wahrheitsgehalt besteht. Berücksichtigt man diesen Unterschied, dann stehen Wehsals Klagen nicht für sich selbst, sondern sie sind kompositorisch eingesetzt, um die Gefühlsambivalenz Castorps sichtbar zu machen. Denn Wehsals so offenherzige Bekundungen der Selbstqual geschehen um der fiktiven Figur Hans Castorps willen und weniger zur Illustration der vielzitierten Garanten der Philosophie und Psychoanalyse. Literatur gehorcht der Kategorie des Besonderen (vgl. dazu die Überlegungen in der Einleitung).

44 Wehsals Klage, »weder leben noch sterben« zu können, setzt in gewisser Weise das Schicksal des »Bajazzo« fort, der ebenfalls weder leben noch sterben kann. Der Held der frühen Erzählung klagt: »Es wird sich ergeben,

fürchte ich, daß ich weiterleben, weiteressen, schlafen und mich ein wenig beschäftigen werde und mich allgemach dumpfsinnig daran gewöhnen, eine ›unglückliche und lächerliche Figur‹ zu sein« (*SE*, 110). Während die ästhetizistische Lebensweise des Bajazzo allerdings für den (gescheiterten) Versuch steht, der Kunst im Leben einen Platz zu geben, folgt Wehsals dumpfer Sinn einzig dem Genuß der »Selbsterniedrigung« (III/591).

45 Zur Funktion der Musik vgl. Heftrich, 1975, S. 265 ff.

46 Zu Gemeinsamkeiten und Differenzen der Kapitel »Schnee« und »Der Donnerschlag« vgl. Kristiansen, 1986, S. 288 ff.

47 Wysling, 1990, S. 418.

48 Kurzke, 1991, S. 209.

49 Wysling, 1990, S. 406.

50 Ebd., S. 402.

51 Zum Begriff des Initiationsromans vgl. grunds. Koopmann, 1983.

52 Deshalb ist es unrichtig, wenn man Chauchats Eigenschaften mit denen Gerda von Rinnlingens gleichsetzt, um beide differenzlos ins Schema der »femme fatale« zu pressen. Eben das geschieht bei H. und I. Daemmrich, 1987, S. 137. Der zentrale Unterschied liegt auf der Hand. Friedemann gibt durch Gerda seinen selbstdestruktiven Energien nach, während Chauchat Castorp auf den Weg führt, diese Energien zu reflektieren.

53 Böhm (1991, S. 362) interpretiert dieses Zitat folgerichtig: »Castorps Verhältnis zur Hippe-Erinnerung hat sich offensichtlich entkrampft.«

54 Wysling, 1989, S. 107.

Anmerkungen zu Kapitel 6

1 Mayer, 1984, S. 263.

2 Ebd., S. 264.

3 Pütz, 1991, S. 176.

4 Vgl. Lehnert, 1963, 1966; Dierks, 1972; Pütz, 1991; Heftrich, 1991; Kurzke, 1992.

5 Bachofen, 1975; vgl. zur Bachofen-Rezeption Thomas Manns besonders Dierks, 1972, S. 183 ff.

6 Treut, 1984, S. 173 ff.

7 Renner, 1985, S. 225.

8 Vgl. Dettmering, 1969, S. 54 f. Vaget (1982, S. 160) sieht in Muts Bezeichnung als »Herrin« einen Verweis auf die Zweigeschichtlichkeit ihres Wesens; vgl. ebenso Mayer, 1984, S. 263 f.; Heftrich, 1991, S. 59 f.; Kurzke, 1992, S. 126 ff.

9 Vgl. Jendreiek, 1977, S. 371; Curtius, 1984, S. 166 ff.

10 Möglicherweise hat Sacher-Masoch hinsichtlich der Tiermetaphorik des Esels auf Bachofen zurückgegriffen. – Dierks (1972, S. 205) hat Josephs »Eselei« direkt auf eine Textstelle Bachofens bezogen. Dieser Nachweis leuchtet ein; er schließt jedoch nicht aus, daß Thomas Mann eine zum Esel gewordene männliche Figur bereits aus *Venus im Pelz* kannte.

11 Baumgart, 1986b, S. 276.

Anmerkungen zu Kapitel 7

1 Vgl. Schneider, 1973, S. 550ff.; Wysling, 1976, S. 62f.; Ohl, 1983, S. 487f.; Mayer, 1984, S. 427ff.; Kurzke, 1991, S. 292f.

2 Frizen (1981) sieht in Bruno Franks »Die Fürstin« (1915) eine Textvorlage für die Hochstapler-Memoiren. Dabei argumentiert er im psychoanalytischen Vokabular, wenn er »das masochistische Begehren nach Erniedrigung« (ebd. S. 59) als eine Gemeinsamkeit der beiden Erzählwerke hervorhebt. Dettmering (1969, S. 75) verweist ebenso auf eine »masochistische« Problematik. Schneider (1973, S. 550) sieht die erotischen Erlebnisse Krulls nach dem Muster einer entsprechenden Szene von Grimmelshausens »Simplicissimus« gearbeitet.

3 Koopmann, 1990, S. 522f.

4 Vgl. dazu die unten folgenden Ausführungen über die Dialektik dieser Märchenfigur.

5 Ebensowenig ist das Pelzwerk zufällig. Wie intensiv sich Thomas Mann damit herumgeschlagen hat, macht eine Eintragung in seinen Notizbüchern zwischen 1906 und 1909 deutlich. Bereits hier notiert er unter dem Stichwort »Hochstapler«: »Pelzdiebstahl. Wichtige Rolle des Pelzes« (Thomas Mann, 1992, S. 180, Notizbücher 9, S. 57).

6 Schreiber, 1969, S. 113f. Schreiber weist zudem auf Jules Romains Roman *Le tapis magique* als Vorbild zum *Krull* hin.

7 Ebd., S. 114.

8 Koopmann, 1990, S. 523; vgl. oben Fußnote 3.

9 Zur Mutterrolle von Houpflé und anderen Frauenfiguren im Roman, auf die hier nicht eingegangen werden kann, vgl. u. a. Curtius, 1984, S. 32; Renner, 1985, S. 395.

10 Mayer, 1984, S. 440.

11 Wysling, 1982.

Literaturhinweise

Mann, Thomas: Briefe an Otto Grautoff 1894–1901 und Ida Boy-Ed 1903–1928, hg. v. P. de Mendelssohn, Frankfurt am Main 1975.
Ders.: *Sämtliche Erzählungen*, Frankfurt am Main 1963.
Ders.: *Gesammelte Werke in dreizehn Bänden*, Frankfurt am Main 1974.
Ders.: *Gesammelte Werke in Einzelbänden*, Frankfurter Ausgabe, Hg. v. P. de Mendelssohn, Frankfurt am Main 1980–1986.
Ders.: *Notizbücher*. Edition in zwei Bänden: Notizbücher 1–6; Notizbücher 7–14. Hg. v. H. Wysling u. Y. Schmidlin, Frankfurt am Main 1991, bzw. 1992.
Sacher-Masoch, Leopold von: *Venus im Pelz*. Mit einer Studie über den Masochismus von Gilles Deleuze, Frankfurt am Main 1980.
Ders.: *Souvenirs. Autobiographische Prosa*, München 1985.
Ders.: *Mondnacht. Erzählungen aus Galizien*, Berlin 1991.
Sacher-Masoch, Wanda von: *Meine Lebensbeichte*, Berlin–Leipzig 1906.
Adorno, Th. W.: Zu einem Porträt Thomas Manns. In: Ders., *Noten zur Literatur* III, Frankfurt am Main 1973, S. 19–29.
Albrecht, G. u. a.: *Lexikon deutschsprachiger Schriftsteller von den Anfängen bis zur Gegenwart*, Bd. 2, Leipzig 1975.
Alker, E.: *Die deutsche Literatur im 19. Jahrhundert*, Stuttgart 1969.
[Anonym]: Schwer hörig. In: *Der Spiegel*, 27. 1. 1986, Nr. 5, S. 184–187.
Anderson, M.: Kafka and Sacher-Masoch. In: H. Bloom (Hg.), *The Metamorphosis*, New York–New Haven–Philadelphia 1988, S. 117–133.
Anton, H.: Thomas Mann. In: K. K. Pohlheim, 1981, S. 491–507.
Bachofen, J. J.: *Das Mutterrecht*, Frankfurt am Main 1972.
Bahr, H.: *Die gute Schule*. Roman, Berlin 1890; 2. Aufl. Berlin 1898.
Ders.: *Zur Überwindung des Naturalismus. Theoretische Schriften* 1887–1904. Ausgew., eingel. u. erl. v. G. Wunberg, Stuttgart–Berlin–Köln–Mainz 1968.
Ders.: Sacher-Masoch. In: *Die Zeit* (Wien), Nr. 25 vom 23. 3. 1895, S. 187 f. Wiederabdruck in: Wunberg, 1976, S. 490; Farin, 1987, S. 191–193.
Ders.: *Renaissance. Neue Studien zur Kritik der Moderne*, Berlin 1897.
Bauer, R. u. a. (Hg.): *Fin de siècle. Zu Literatur und Kunst der Jahrhundertwende*, Frankfurt am Main 1977.

Baumgart, R.: Der erotische Schriftsteller. in: Ders. u. a.: *Thomas Mann und München*, Frankfurt am Main 1989a, S. 7–24.

Ders.: *Selbstvergessenheit. Drei Wege zum Werk: Thomas Mann, Franz Kafka, Bertolt Brecht*, München–Wien 1989b.

van Beers, M.: Clawdia Chauchat. Die Darstellung einer Frauengestalt im »Zauberberg« von Thomas Mann. In: *Neophilologus*, 1986, S. 576–591.

Bittrich, B.: Biedermeier und Realismus in Österreich. In: K. K. Pohlheim, 1981, S. 356–381.

Böhm, K. W.: *Zwischen Selbstzucht und Verlangen. Thomas Mann und das Stigma Homosexualität*, Würzburg 1991.

Böttcher, K. u. a.: *Lexikon deutschsprachiger Schriftsteller. Von den Anfängen bis zum Ausgang des 19. Jahrhunderts*, Leipzig 1987, 3. Aufl.

Bornemann, E.: *Lexikon der Liebe und Sexualität*, 2 Bde., München 1969, 2. Aufl.

Bovenschen, S.: *Imaginierte Weiblichkeit. Exemplarische Untersuchungen zu kulturgeschichtlichen und literarischen Präsentationsformen des Weiblichen*, Frankfurt am Main 1980.

Braun, W.: *Sadismus / Masochismus / Flagellantismus*, Flensburg 1978, 6. Aufl.

Bürger, Ch. / Bürger, P. / Schulte-Sasse, J.: *Naturalismus / Ästhetizismus*, Frankfurt am Main 1979.

Busch, F.: *August Graf von Platen – Thomas Mann. Zeichen und Gefühle*, München 1987.

Cremerius, J., u. a.: *Masochismus in der Literatur. Freiburger literaturpsychologische Gespräche*, Bd. 7, Würzburg 1988.

Curtius, M.: *Erotische Utopien bei Thomas Mann*, Königstein 1984.

Davian, D. G.: *Der Mann von Übermorgen. Hermann Bahr* 1863–1934, Wien 1984.

Daemmrich, H. u. O.: *Themen und Motive in der Literatur*, Tübingen 1987.

Daiber, H.: Aufklärer im Pelz. In: *Die Zeit*, 24. 1. 1986, Nr. 5, S. 50.

Dedner, B.: Entwürdigung. Die Angst vor dem Gelächter in Thomas Manns Werk. In: Härle, 1992, S. 87–102.

Deleuze, G.: Sacher-Masoch und der Masochismus. In: Sacher-Masoch, 1980, S. 163–281.

Dettmering, P.: *Dichtung und Psychoanalyse. Thomas Mann – Rainer Maria Rilke – Richard Wagner*, Frankfurt am Main 1969.

Dotzler, B.: *Der Hochstapler. Thomas Mann und die Simulakren der Literatur*, München 1991.

Dierks, M.: *Studien zu Mythos und Psychologie bei Thomas Mann* (Thomas-Mann-Studien II), Bern–München 1972.

Ders.: Thomas Mann und die Tiefenpsychologie. In: Koopmann (Hg.), 1990, S. 284–306.

Ders.: Der Wahn und die Träume in »Der Tod in Venedig«. Thomas Manns folgenreiche Freud-Lektüre im Jahr 1911. In: *Psyche* 3 / 1990, S. 240–268.

Farin, M.: Nachwort. Anmerkungen. In: Sacher-Masoch, 1985, S. 99–101.
Ders. (Hg.): *Leopold von Sacher-Masoch. Materialien zu Leben und Werk*, Bonn 1987.
Ders.: Artikel: Sacher-Masoch. In: W. Killy (Hg.), *Literatur Lexikon. Autoren und Werke deutscher Sprache*, Bd. 10, Gütersloh–München 1991, S. 98 f.
Farkas, R.: Hermann Bahr. *Prophet der Moderne. Tagebücher* 1880–1904. Wien–Graz–Köln 1987.
Federmann, R.: *Sacher-Masoch oder die Selbstvernichtung*, Graz 1961.
Fischer, J. M.: *Fin de siècle. Kommentar zu einer Epoche*, München 1978.
Frizen, W.: *Zaubertrank der Metaphysik. Quellenkritische Überlegungen im Umkreis der Schopenhauer-Rezeption Thomas Manns*, Frankfurt am Main 1980.
Ders.: Von Weibes Wonne und Wert. Über eine Frauengestalt Thomas Manns und den Misogyn Schopenhauer. In: *Etudes Germaniques*, 1981, S. 306–317.
Ders.: Die »bräunliche Schöne«. Über Zigarren und Verwandtes in Thomas Manns »Zauberberg«. In: *Deutsche Vierteljahresschrift für Literatur und Geistesgeschichte*, 1981, S. 107–118.
Freud, S.: *Psychologie des Unbewußten* (Studienausgabe, Bd. III), Frankfurt am Main 1975, 6. Aufl.
Giebisch, H. / G. Gugitz: *Bio-bibliographisches Literaturlexikon Österreichs. Von den Anfängen bis zur Gegenwart*, Wien 1964.
Brüder Grimm: *Kinder- und Hausmärchen*, München 1971.
Härle, G.: *Männerweiblichkeit. Zur Homosexualität bei Klaus und Thomas Mann*, Frankfurt am Main 1988.
Ders. (Hg.): »Heimsuchung und süßes Gift«. Erotik und Poetik bei Thomas Mann. Frankfurt am Main 1992.
Heider, U. (Hg.): *Sadomasochisten, Keusche und Romantiker. Vom Mythos neuer Sinnlichkeit*, Reinbek bei Hamburg 1986.
Heftrich, E.: *Zauberbergmusik. Über Thomas Mann*, Frankfurt am Main 1975.
Ders.: *Vom Verfall zur Apokalypse. Über Thomas Mann*, Frankfurt am Main 1982.
Ders.: Joseph und seine Brüder. In: Koopmann (Hg.), 1990, S. 447–474.
Ders.: Potiphars Weib im Lichte von Wagner und Freud. Zu Mythos und Psychologie des Josephsromans. In: Ders. / H. Wysling (Hg.): *Thomas Mann Jahrbuch*, Bd. 4, Frankfurt am Main 1991, S. 58–74.
Ders. / H. Koopmann (Hg.): *Thomas Mann und seine Quellen. Festschrift für Hans Wysling*, Frankfurt am Main 1991.
Ders.: Vom höheren Abschreiben. In: Ders. / H. Koopmann (Hg.), 1991, S. 1–20.
Hermand, J.: *Der Schein des schönen Lebens. Studien zur Jahrhundertwende*, Frankfurt am Main 1972.
Hilmes, C.: *Die Femme fatale. Ein Weiblichkeitstypus in der nachromantischen Literatur*, Stuttgart 1990.
Himmel, H.: *Geschichte der deutschen Novelle*, Bern–München 1963.

Hischbach, F. D.: *The Arrow and the Lyre. A Study of the Role of Love in the Works of Thomas Mann*, Den Haag 1974.

Holz, H. H.: *Vom Kunstwerk zur Ware*, Neuwied–Berlin 1972.

Hooft, J. P.: Einleitung. In: Sacher-Masoch, *Venus im Pelz und erotische Erzählungen*, Stuttgart–Hamburg 1971, S. 7–21.

Huysmans, J. K.: *Gegen den Strich*. Übersetzt und hg. v. W. Münz u. M. Münz, Stuttgart 1992.

Jendreiek, H.: *Thomas Mann. Der demokratische Roman*, Düsseldorf 1977.

Johnston, W. M.: *Österreichische Kultur- und Geistesgeschichte, Gesellschaft und Ideen im Donauraum* 1848 bis 1938, Wien–Köln–Graz 1974.

Jullian, Ph.: *Mythen und Phantasmen in der Kunst des fin de siècle*, Berlin 1971.

Kafka, Franz: *Sämtliche Erzählungen*. Hg. v. Paul Raabe, Frankfurt am Main 1970.

Klanska, M.: *Problemfeld Galizien in deutschsprachiger Prosa 1846–1914*, Wien–Köln–Weimar 1991.

Kluge, G.: Das Leitmotiv als Sinnträger in »Der kleine Herr Friedemann«: Ein Versuch zur frühen Prosadichtung Thomas Manns. In: *Jahrbuch der Deutschen Schillergesellschaft* 11, Stuttgart 1967, S. 484–526.

Koopmann, H.: *Der klassisch-moderne Roman in Deutschland. Thomas Mann, Alfred Döblin, Hermann Broch*, Stuttgart–Berlin–Köln–Mainz 1983.

Ders. (Hg.): *Thomas Mann-Handbuch*, Stuttgart 1990.

Koppen, E.: *Dekadenter Wagnerismus. Studien zur europäischen Literatur des fin de siècle*, Berlin–New York 1973.

Koschorke, A.: *Leopold von Sacher-Masoch. Die Inszenierung einer Perversion*, München–Zürich 1988.

Krafft-Ebing, R.: *Psychopathia sexualis*, Stuttgart 1907, 13. Aufl.

Kreuzer, H.: *Die Boheme. Beiträge zu ihrer Beschreibung*, Stuttgart 1968.

Kristiansen, B.: *Thomas Manns Zauberberg und Schopenhauers Metaphysik*, Bonn 1986, 2. verb. u. erw. Aufl.

Kurzke, H.: *Thomas Mann. Epoche – Werk – Wirkung*, München 1991, 2. überarb. Aufl.

Ders.: Die Hunde im Souterrain. Die Philosophie der Erotik in Thomas Manns Roman »Joseph und seine Brüder«. In: Härle (Hg.) 1992, S. 126–138.

Lehnert, H.: Thomas Manns Vorstudien zur Josephstetralogie. In: *Jahrbuch der Deutschen Schillergesellschaft* 7, Stuttgart 1963, S. 458–520.

Ders.: Thomas Manns Josephstudien 1927–1939. In: *Jahrbuch der Deutschen Schillergesellschaft* 10, Stuttgart 1966, S. 378–406.

Ders.: *Thomas Mann: Fiktion, Mythos, Religion*, Stuttgart 1968, 2. Aufl.

Leroy, R. / Pastor, E.: Von Storm und anderen Erinnerungen. Frühe Texte von Thomas Mann und Arthur Schnitzler. In: Dies. (Hg.), *Deutsche Dichtung um 1890. Beiträge zu einer Literatur im Umbruch*, Bern–Berlin–Frankfurt am Main–New York–Paris–Wien 1991, S. 333–353.

Lubich, F. A.: *Die Dialektik von Logos und Eros im Werk von Thomas Mann*, Heidelberg 1986.

Mayer, H.: *Außenseiter*, Frankfurt am Main 1975.

Ders.: *Thomas Mann*, Frankfurt am Main 1984.

Müller, K. J.: *Das Dekadenzproblem in der österreichischen Literatur um die Jahrhundertwende, dargelegt an Texten von Hermann Bahr, Richard von Schaukal, Hugo von Hofmannsthal und Leopold von Adrian*, Stuttgart 1977.

Noble, C. A. M.: *Krankheit, Verbrechen und künstlerisches Schaffen bei Thomas Mann*, Bern 1970.

Noyes, J.: »Der Blick des Begehrens. Sachers-Masochs Venus im Pelz.« In *Acta Germanica* 1989, S. 9–27.

Noyes, J.: »Deleuze liest Leopold Sacher-Masoch. Zur Ambivalenz des literarischen Kanons.« In: *Acta Germanica*, Beiheft 1/1990, S. 69–80.

Nietzsche, F.: *Werke in drei Bänden*; hg. v. K. Schlechta, München 1966.

Ohl, H.: Thomas Mann. In: H. Koopmann (Hg.), *Handbuch des deutschen Romans*, Düsseldorf 1983.

Praz, M.: *Liebe, Tod und Teufel. Die schwarze Romantik*, München 1988, 3. Aufl.

Perutz, K.: *Leopold von Sacher-Masoch. Sein Leben und seine Zeit*, München 1981.

Pohlheim, K. K. (Hg.): *Handbuch der deutschen Erzählung*, Düsseldorf 1981.

Pütz, P.: Thomas Mann und Nietzsche. In: Ders. (Hg.), *Thomas Mann und die Tradition*, Frankfurt am Main 1971, S. 225–252.

Ders.: Verwirklichung durch »lebendige Ungenauigkeit«. *Joseph* von den Quellen zum Roman. In: E. Heftrich/H. Koopmann (Hg.), 1991, S. 173–188.

Rasch, W.: *Die literarische Décadence um 1900*, München 1986.

Reik, Th.: *Aus Leiden Freuden. Masochismus und Gesellschaft*, Hamburg 1977.

Reiß, G.: Herrenrecht: Bemerkungen zum Syndrom des Autoritäten in Thomas Manns frühen Erzählungen. In: R. Wiecker (Hg.), *Gedenkschrift für Thomas Mann 1875–1975*, Kopenhagen 1975, S. 67–94.

Ders.: *Allegorisierung und moderne Erzählkunst. Eine Studie zum Werk Thomas Manns*, München 1970.

Renner, R. G.: *Lebens-Werk. Zum inneren Zusammenhang der Texte von Thomas Mann*, München 1985.

Scharfschwerdt, J.: *Thomas Mann und der deutsche Bildungsroman*, Stuttgart–Berlin–Köln–Mainz 1967.

Schlichtegroll, C. F. v.: *Sacher-Masoch und der Masochismus. Literarhistorische und kulturhistorische Studien*, Dresden 1901.

Schmidt, A.: *Dichtung und Dichter Österreichs im 19. und 20. Jahrhundert*, Bd. 1, Salzburg 1964.

Schneider, K. L.: Thomas Manns »Felix Krull«. Schelmenroman und Bildungsroman. In: V. J. Günther u. a., *Untersuchungen zur Literatur als Geschichte. Festschrift für Benno von Wiese*, Berlin 1973, S. 545–558.

Schreiber, H.: *Erotische Texte. Sexualpathologische Erscheinungen in der Literatur*, München 1969.

Schrenk-Notzing, A. v.: *Suggestionstherapie bei krankhaften Erscheinungen des Geschlechtssinnes*, Stuttgart 1892.

Schröter, K.: *Thomas Mann in Selbstzeugnissen und Bilddokumenten*, Reinbek bei Hamburg 1964.

Sommerhage, C.: *Eros und Poesis. Über das Erotische im Werk Thomas Manns*, Bonn 1982.

Spinek, A.: *»Das Vermächtnis Kains« von Leopold von Sacher-Masoch*, Diss. phil., Wien 1949.

Stein, G. (Hg.): *Femme fatale – Vamp – Blaustrumpf. Sexualität und Herrschaft. Kulturfiguren und Sozialcharaktere des 19. und 20. Jahrhunderts*, Bd. 3, Frankfurt am Main 1984.

Taeger, A.: *Die Kunst, Medusa zu töten. Zum Bild der Frau in der Literatur der Jahrhundertwende*, Bielefeld 1987.

Treut, M.: *Die grausame Frau. Zum Frauenbild bei de Sade und Sacher-Masoch*, Basel–Frankfurt am Main 1984.

Tyroff, S.: *Namen bei Thomas Mann in den Erzählungen und den Romanen Buddenbrooks, Königliche Hoheit, Der Zauberberg*, Bern–Frankfurt am Main 1975.

Vaget, H. R.: Der Dilettant. Eine Skizze der Wort- und Bedeutungsgeschichte. In: *Jahrbuch der Deutschen Schillergesellschaft* 14, Stuttgart 1970, S. 131–158.

Ders.: *Goethe. Der Mann von sechzig Jahren. Mit einem Anhang über Thomas Mann*, Königstein 1982.

Ders.: *Thomas-Mann-Kommentar zu sämtlichen Erzählungen*, München 1984.

Wagner, N.: *Geist und Geschlecht. Karl Kraus und die Erotik der Wiener Moderne*, Frankfurt am Main 1982.

White, J. F. (Hg.): The Yale *Zauberberg*-Manuskript. Rejected Sheets Once Part of Thomas Mann's Novel (Thomas-Mann-Studien IV), Bern–München 1980.

Wiegmann, H.: *Die Erzählungen Thomas Manns. Interpretationen und Realien*, Bielefeld 1992.

Wilde, Oscar: *Salome*, Frankfurt am Main 1975.

Wilpert, G. v.: *Deutsches Dichterlexikon*, Stuttgart 1976, 2. erw. Aufl.

Wunberg, G. (Hg.): *Das Junge Wien. Österreichische Literatur-Kunstkritik* 1897–1902, 2 Bände, Tübingen 1976.

Wysling, H.: *Narzißmus und illusionäre Existenzenform. Zu den Bekenntnissen des Hochstaplers Felix Krull* (*Thomas-Mann-Studien* V), Bern–München 1982.

Ders.: 25 Jahre Arbeit im Thomas-Mann-Archiv. Rückblick und Ausblick. In:

Internationales Thomas-Mann-Kolloquium 1986 in Lübeck (*Thomas-Mann-Studien* VII), Bern 1987, S. 370–380.
Ders.: Probleme der »Zauberberg«-Interpretation. In: *Thomas-Mann-Jahrbuch*, Bd. 1, Frankfurt am Main 1988, S. 12–26.
Ders.: Neues zum »Zauberberg«. In: Baumgart u. a. 1989a, S. 104–117.
Ders.: Der Zauberberg. In: H. Koopmann (Hg.), 1990, S. 397–422.

Marcel Reich-Ranicki

Thomas Mann und die Seinen

Fischer Taschenbuch Band 6951

Marcel Reich-Ranicki gehört zu den besten Kennern der an herausragenden Begabungen und Persönlichkeiten reichen Familie Mann. »Aber so glücklich wir sein müssen, daß es diese einzigartige Familie gibt, so aufschlußreich, so faszinierend ihre Geschichte ist, so wenig brauchen wir (und die Manns) einen Hofberichterstatter.« Von einem solchen freilich ist Reich-Ranicki weit entfernt. »Entmonumentalisierung« heißt vielmehr sein Gebot. Gerade wer über Thomas Mann schreibt, »der, allen Interpreten mißtrauend, die Deutung seines Lebens und seines Werkes schon früh in die eigenen Hände genommen hat«, kann die Aufgabe nur erfüllen, »wenn sie aus der direkten oder indirekten Polemik gegen sein Autoporträt hervorgeht.« Was Reich-Ranicki über Golo Mann schreibt, der sich »nur mit oder gegen, doch nicht ohne Thomas Mann entfalten konnte«, gilt für alle Mitglieder der Familie, in höherem Maße für die Söhne Golo und Klaus, in geringerem für die Tochter Erika, möglicherweise sogar noch für den Bruder Heinrich. In ihm finden wir die zweite charakterliche und künstlerische Autorität, den einzigen Widerpart, mit dem oder gegen den auch Thomas Mann sich nur entfalten konnte. Die Gegensätze und Abhängigkeiten, die Kämpfe und der Zusammenhalt der Familie werden von Reich-Ranicki in biographischen und literaturkritischen Studien, vor allem aber vor dem Hintergrund der Tagebücher und Korrespondenzen untersucht.

Fischer Taschenbuch Verlag

fi 1578 / 1